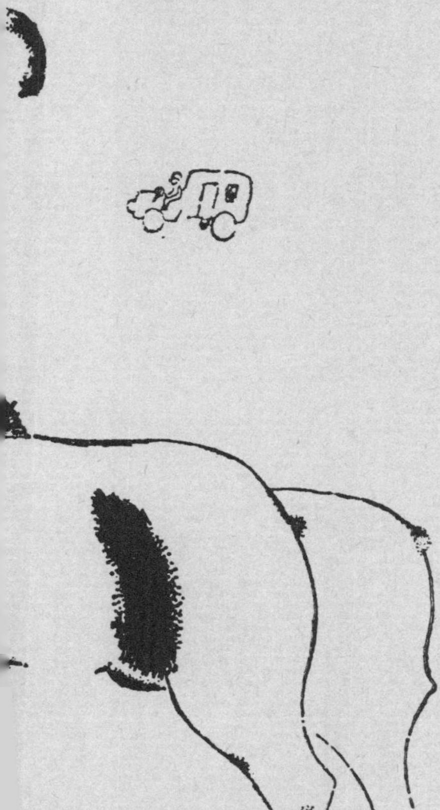

Claire Goll

Memoiren eines Spatzen des Jahrhunderts

Claire Goll

Memoiren eines Spatzen des Jahrhunderts

Erzählungen und Lyrik

Mit den Gedicht-Dialogen
Zehntausend Morgenröten
und
Die Antirose
von Ivan und Claire Goll

Langen Müller

Vorsätze:
Illustrationen von Marc Chagall zu
»Tagebuch eines Pferdes« und
»Zehntausend Morgenröten«

Lizenzausgabe für Albert Langen – Georg Müller Verlag GmbH.,
München · Wien, mit freundlicher Genehmigung des
Limes Verlages, Wiesbaden · München

Schutzumschlaggestaltung: Werner Rebhuhn, Hamburg
Satz: VerlagsSatz Kort, München
Druck und Binden: Ebner, Ulm
Printed in Germany 1978
ISBN: 3-7844-1726-4

Inhalt

Memoiren eines Spatzen des Jahrhunderts
Erzählungen

Das tätowierte Herz
Ein indianischer Gesang von Liebe und Tod

Ivan und Claire Goll

Zehntausend Morgenröten

Gedichte einer Liebe

Ivan an Claire

Ivan und Claire Goll

Die Antirose

Ivan an Claire

Claire an Ivan

Klage um Ivan

Memoiren eines Spatzen des Jahrhunderts

Erzählungen

Tagebuch eines Pferdes

Festtag – St. Bucephalus

Heute hat sich das Syndikat der Pferde gebildet. Man hat mich zum Vorstandsmitglied gewählt. Habe deshalb immer mit den Füßen zu scharren. Es wurde folgender Aufruf erlassen:

Die Pferde der Bergwerke, der Pariser Markthallen, der Speditions- und Lastwagen, der Droschken und Postkutschen, der Batterie- und sonstigen Leichenwagen, die Drehmühlenpferde, die Genossen der Minen, die Pferde, die das Seegras in eisigen Meeren holen müssen, die Kameraden, die durch Reisfelder waten, Spanier und Mexikaner, die man in Stierkämpfen martert, Marokkaner, von arabischen Reitern in Fantasias gequält, kurz alle proletarischen Vierfüßler protestieren hiermit feierlich gegen den Mißbrauch ihres Lebens durch den Menschen und fordern die Tierschutzvereine auf, sie zu unterstützen in ihren Forderungen:
Achtstundentag, Sonntagsruhe, Abschaffung der Leichenschändung und Wurstverarbeitung, Aluminiumhufe für alle Pferde, Gummireifen an allen Wagen, Bestrafung jeder Handhabung der Peitsche, Invaliden- und Altersversicherung, vierzehn Tage Ferien. Sonst Androhung des Generalstreiks, solidarisches Stillstehen aller Pferde der Welt.

Der Pferdeausschuß

Die erste Internationale der Pferde fordert hiermit zu einem

Kongreß in San Franzisko auf. Die auf der gestrigen Versammlung festgesetzten Statuten sollen dort wiedergekäut werden.
Darunter ein zweiter Aufruf:

Zusammenschluß aller geistigen Pferde des Erdballs. Alle Renn-, Zirkus- und Karussellpferde, die denkenden Pferde von Elberfeld, gefilmte und ungefilmte Pferde, mit Zeichen bedruckte, rasierte und gestutzte Pferde, das ausgestopfte Pferd Napoleons in den Invaliden, Fatme, die silberne Stute, die Pferde des Gargantua, Fallada aus Grimms Märchen, der »Blitz« des Musäus, Bucephalus, Alexanders Pferd mitsamt seinem Schatten, den es so fürchtete, und die Pferde des *Großen und Kleinen Klaus* von Andersen werden hiermit eingeladen, am Programm der geistigen Hetzjagd mitzuwirken. Ein neues Ziel ist zu errennen! Pferde aller Länder, vereinigt euch! Es werde Licht in den Ställen! *Pegasus*

Die sozialen Forderungen der Arbeitspferde als Ausschreitungen bezeichnend, hat der patriotische Club der Equipagenpferde zu einem protestierenden Nationalwiehern auf Rosseck eingeladen. Incitatus, direkter Nachkomme des Pferdes von Caligula, wird dort das Wort ergreifen, um den Menschen zu verteidigen. Er wird daran erinnern, welche Behandlung der römische Kaiser seinen berühmten Vorfahren zuteil werden ließ. Wurde nicht Incitatus I. von seinem Herrn zur Würde eines Konsuls erhoben und ließ dieser ihm nicht ein mit kostbaren Möbeln versehenes Haus errichten, in welchem Incitatus seine Bewunderer empfangen konnte. Seine Diener servierten ihm auf den Knien, wenn er am Tisch seines Herrn seine goldene Gerste aß.

Lunen

Ich, Goliath, ogleich ich Vorstandsmitglied bin, glaube nur an passiven Widerstand. Ich leide nicht unter äußerer Armut. Heute ziehe ich die Kutsche 49, aber vielleicht morgen schon nähre ich mich von Ambrosia und bin vor den ewigen Sonnenwagen Phaethons gespannt. Auch ich bin ein Teilchen Unsterblichkeit. Das Leid, das tief im Grund meiner Augen liegt, ist ein Vermächtnis des Göttlichen Pferdes. Werde ich nicht herrlich auferstehen in meinem nächsten Dasein, weil ich hier stumm duldete?
Vergiftet vom Benzin der Großstadt, ohne Liebe und Sauerstoff, umbrandet vom Donner der Wagen, die von zehntausend Pferdekräften getrieben werden, stehe ich Morgen für Morgen am Eingang der Elysäischen Felder, durch die der wildeste Verkehr rollt, und erwarte mit meinem Herrn die Fahrgäste dieser Erde.

Mondwandlung

Hinter mir steht die braune Goliane mit dem silbernen Maul. Sobald ich ihren Goldlackduft von weitem rieche, wiehere ich ihr entgegen. Sie kann mich nur erraten, ihre Augen sind mit Nebel bedeckt. Ihr Herr sagte dem meinen: »Sie hat den Star.«
»Bring sie zum Tierpfuscher ... das operiert sich ... sie braucht dann nur Brillen zu tragen!« schrien die andern Kutscher lachend durcheinander.
Machen wir uns vielleicht über die Gläser lustig, die sie auf den Augen tragen?
Trotz den Scheuklappen gelingt es mir, das Bild Golianes zu

erspähen. Ich trage diese beiden Ledermasken gern, kann ich doch hinter ihnen den Weltschmerz verstecken, an dem meine Generation erkrankt ist. Wir haben uns immer viel zu sagen, Goliane und ich. Niemand kann uns hören. Des Menschen Ohr ist viel zu verdorben. Gegen Mittag, wenn der Lärm steigt, reden wir mit den Beinen. Zweimal scharren heißt: Kein Wagen kann uns trennen.
Dreimal scharren heißt: Ich liebe dich.
Synkopiertes Kratzen bedeutet: Ich bete zum Göttlichen Pferd, die dicken Leute in meine und die leichten in deine Kutsche steigen zu lassen.
Dann schnaubt Goliane, und ein Kuß von weißem Schaum fliegt nahe an mir vorüber.
Mein Herz nimmt täglich zu, trotz der erbärmlichen Nahrung.

Föhn

O Goliane! Deine großen Augen voll Demut! Sanfter sind sie als die der Hirschkühe, die sich den Wiesen meiner Kindheit näherten. Die Ponys Deiner Stirn sind länger und weicher als die Zotteln der Tibetziegen in der königlichen Schäferei, zu denen ich oft die Fremden fuhr, als ich noch vor dem Schloß von Versailles den Fiaker Nr. 5 zog. Wenn Du mit Deiner Kutsche an mir vorbeiläufst, gibt es kein schöneres Ballett für meine Augen als Deine auf und ab schaukelnden Hinterfüße. Kann es ein höheres Ideal geben, als über Wiesen zu laufen und den goldenen Staub, der aus dem Fell der Geliebten sprüht, einzuatmen?
Aber der Mensch ist zu kompliziert, um uns zu verstehen. Er lebt in Unruh und Zweifel, eine Wiesenstille genügt ihm nicht.

Platzregen

Immer wenn es regnet, denke ich an die schönen Tage, da Blumen vorbeilaufen, gekoppelte Wolkenrosse oder zwitschernde Kinder. Sie duften so zart nach Traum und Prärie, nach den endlosen Haferfeldern unserer Väter. Oh, damals zu Hipparions Zeiten, als das rechte Auge an der Geliebten und das linke im Kornfeld spazierenging! Als das rechte Ohr ihren Atem und das linke das Meer rauschen hörte!
Sonne, die ich nicht mehr sehen kann, wegen des schweren Geschirrs, ich höre dich! Sterne, der Verliebte sieht euch nächtlich durch das durchlöcherte Wellblech des dumpfen, lichtlosen Stalls. Wie schön seid ihr, goldne Stifte, mit denen das Dach des Weltstalls beschlagen ist!
Magische Mondkutsche, langsam fährst du, von zwei weißen Pferden gezogen, durch meine Sehnsucht!

Dreizehnter Regentag

So viele Pfützen! War so müde, daß ich weinte. Da kam der Engel der Droschkengäule und tröstete mich mit Rosinante, dem traurigsten Pferd, das je durch menschliche Landschaften gekrochen ist.
Im *Himmlischen Jockey* steht, daß dieses Leben nur Dressur sei, eine Vorbereitung für das Walhall der Pferde. Und trotzdem, meine Seele ist voll Regen.
Als ich noch im Weltzirkus diente, in dem der kleine Ungar so lange gestriemt wurde, bis er auf den Hinterbeinen tanzen konnte, allen Regeln der Natur zum Hohn, hatte ich eine Freundschaft mit einem Zebra. Es war trunken von wilden Ländern, in denen glücklichere Brüder ungezähmte stolze

Freiheit genießen. Länder aus jahreweiten Wäldern und Pampas. Man rennt mit dem Wind um die Wette. Der blaue Zephir bringt zarten, nach Zucker schmeckenden Regen. Der Ostwind ist eine brennende Peitsche, und der tolle Nordwind fährt fluchend und heulend wie ein betrunkener Kutscher durch die Welt.

Doch wir Armen, denen die Menschen Schicksal sind! Einst waren noch sanftere Zeiten. Jetzt aber galoppieren Hunger und Unglück durchs Land. Sie foltern und töten sich, um des Vaterlandes willen, behaupten sie. Immer wenn eine Partei über die andere, ein Volk über das andere herrschen und sich so viele Vorrechte und Güter wie möglich aneignen will, nennen sie das für »ein Ideal« kämpfen. Revolution heißt ein solches Blutbad.

Ach, wann werden wir Pferde endlich den Mut zur Revolution finden?

Ein Aufstand der Tiere gegen den menschlichen Unterdrükker und Ausbeuter. Nicht länger tierisches Mitgefühl, sondern menschliche Grausamkeit.

Laßt uns den Tetanos in ihren Feldern und Straßen verbreiten! wieherte kürzlich Genosse Karl, der »Rote« genannt, das Packpferd, das jeden Tag um zwölf vor seinem schweren Lastwagen vorbeikeucht. Vielleicht ist meine Theorie der Duldung, des stummen Hinnehmens der ledernen Zügel, des Zaumes und der Nasenriemen eine falsche?

Erster Sonnentag

Heute nacht lief das Karussellfohlen, in das ich mich einmal auf einer Messe verliebte, als Traum in mir herum. Es war violett und gelb. Ich stand dicht daneben, hatte eben kleine

Menschen hingefahren. Immer, wenn ich es mit meinen Augen fangen wollte, flog es vorbei, und ein Seepferdchen löste es ab. Und immer schneller und schneller: Fohlen, Seepferdchen, Fohlen, Seepferdchen, so daß sie schließlich nur noch ein einziges Tier bildeten: ein Seefohlen. Da hatte ich ein ganzes Karussell voll Sehnsucht im Magen. Alles drehte sich. Ich weinte schillernde Tränen. Tränen so groß wie Seifenblasen. Aber als ich erwachte, waren sie vergangen. Nur die Streu war noch ein bißchen naß.
Das Milchpferd rief mir heute zu, daß morgen St. Franziskus sei. Beinahe hätte ich es vergessen. Die Tage haben alle denselben Geruch.
O Goliane! wie Dein Goldlackfell in der Sonne lacht! Sie trägt nun einen Strohhut à la Merveilleuse. Wie schön sie doch ist in ihrer reinen Nacktheit! Ach, könnte ich doch ihre Reize besingen! Wie oft hat Pegasus, das Flügelroß, die Menschen inspiriert, warum nicht mich, den Sprößling aus seinem Geschlecht?

Festtag – St. Franziskus

Gebet an den heiligen Franz

Guter Bruder der Pferde! Ich falte die Ohren, um zu beten. Sieh den Schmerz in Golianes Zügen. Wie müde ist ihr Gang, der nie zu einer Freude führt! Ach, unser Paradies ist verloren. Unsere Wiesen, in denen wir spielten, zu Steinpferds Zeiten, wo sind sie hin? Unsere Nahrung ist jetzt so dünn geworden, daß wir nicht einmal die Spatzen mitnähren können. Und Feindschaft ist zwischen den Fliegen und uns. Kannst Du sie nicht andere Nahrung finden lassen, unser aller Bruder? Aber

wenn das zuviel verlangt ist, so laß uns wenigstens zu beiden Seiten Schwänze wachsen, damit wir uns ihrer erwehren können. Und mach die Peitschen sanft und schmerzlos und schmilz die bösen Eisen, die uns den Mund zerreißen. Laß uns den Schatten nach oben werfen, gegen die brünstige Wut des Sonnenhengstes, gib uns eine dichte Haut gegen die Spießruten des Regens und laß ein Wunder geschehen: Möchten die Futtersäcke anstatt mit Spreu sich mit Karotten und Zucker füllen. Ein großer Heiliger wie Du kann doch alles.
Und erhöre meine Sehnsucht nach Goliane. Führ sie nur einmal in meine Nähe, daß ich sie spüren und umbeinen kann. Und gib, daß nur Liebespaare in ihren Wagen steigen, den Wagen Nr. 32, denn die Liebe zieht sich am leichtesten! Amen.

25. Sonnentag

Jawohl, ich habe die Hundstage mit dem rechten Huf gezählt. Seit fünfzehn Tagen ist kein Tropfen Wasser gefallen. Man kann sich vorstellen, in welche Wolke von Staub mein erdnaher Kopf gehüllt ist.
Heute habe ich sechs Stunden gestanden und gewartet. Drei Stunden auf dem rechten Vorderbein und drei Stunden auf dem linken. Der Kopf sank mir bis zum Pflaster hinunter. Nichts als das rote Geräusch der Sonne. Am Ende hatte ich einen kleinen Sonnenstich weg. Was nutzt das »Syndikat der Pferde«, wenn wir nicht einmal Sonnenschirme von unserem Herrn erhalten.
Goliane kehrte nicht zurück. Ich spitzte die Ohren, um ihren Schritt vom Trab unterscheiden zu können. Oh, der schleifende Gang der elenden Zugpferde! Wer von uns hätte auch

die Kraft, im Galopp, im Dreivierteltakt dahinzufliegen? Einzigartige Sekunde, während der sich alle vier Hufe gleichzeitig von der Erde entfernen!

Unglückliche Goliane! Stundenlang mußte sie einen Wanst und dessen Mätresse kreuz und quer durch den Bois fahren. Ein armes Pferd bei dieser tropischen Hitze so auszunutzen! In den geschlossenen Kutschen geben sich die illegitimen Paare der Billigkeit halber mit Vorzug verbotenen Leibesfreuden hin.

Einmal tänzelte der schwarze Boy heran vor seinem Dogcart. Er hat es gut – zieht irgendeine leichte, gewichtlose Dummheit. Was wissen diese verwöhnten Geschöpfe des Luxus mit den anglisierten Schwänzen von der Not und dem Elend der Zugpferde!

Endlich Golianens Huftakt! Wie sie die Absätze schleift! Wie müde sie von dem siedenden Asphalt sein muß! Und nie eine Klage. Ich stehe stumm vor Bewunderung vor so viel Stolz und Würde.

Erhabenes Göttliches Pferd, man spritzt dem Menschen Pferdeserum ein, um ihn zu kräftigen. Könntest Du Golianes Herrn nicht dazu bewegen, ihr Menschenserum einzuspritzen?

Golianes Geburtstag

Goliane, heilige Jungfrau der Pferde! Duftend nach den goldenen Roßäpfeln von Coty!

Einst werden mir Flügel wachsen, wie meinen Freunden, den leichten Vögeln, die mit meinen Füßen spielen. Dann werde ich Dich der asphaltenen Erde entführen. Wir werden schweben über den irdischen Menschen, über ihren Last- und Mö-

bel- und Müll- und Totenwagen. Der vierfüßige Engel wird Dich zu den Prärien der Altvordern führen, wo Dich die Legionen der Freiheit mit flatternden Mähnen erwarten.
Mein Herz wird Dich nie verlassen, ob ich vor dem Ostbahnhof stehe, vor der Oper, im Bois de Boulogne, auf der Concorde oder den großen Boulevards . . . Wohin ich auch laufe, überall bin ich Dein.

Erster Nebel

Die Menschen husten, bald wird es Herbst werden. Das Totenpferd schlich vorbei, ein Gespenst in dem vielen Grau. Ich erschrak. Es grüßt nie. Weil es den schönen Federbusch und die Sternendecke trägt, ist es hochnäsig und arrogant. Der Kamerad, der die Dritte-Klasse-Begräbnisse zieht, ist viel sympathischer. Umsonst spannen die Menschen ein teureres oder ein billigeres Pferd vor ihren Leichenwagen. Tod macht gleich – ob ihn ein Glasperlenkranz oder Orchideen verstekken. Für Arm und Reich ist es aus mit der Peitschenknallerei. Golianes Füße werden immer krummer. Die grauen Schleier über ihren Augen immer dichter, und der Schwanz ist ein magerer, zerzauster Besen. Ihre Stirn hat traurige Falten bekommen. Selten nur lächelt sie noch, wenn sie an mir vorbeitrabt, und dann sehe ich betrübt, wie lang und gelb ihre Zähne geworden sind.
Dafür liebe ich sie nur noch mehr. Bei den Menschen ist es umgekehrt: je älter die einsteigenden Paare sind, desto mehr streiten sie sich in meinem Wagen.

Jahrestag Stradivaris

Heute vor einem Jahr starb mein großer Freund Stradivari. Er war Weltchampion. Sein Stammbaum geht auf das fünfzehnte Jahrhundert zurück. Das steht im Pferdegotha. Er fuhr nach Amerika und gewann da den Nobelpreis in Saratoga Springs.

Als das Schiff in New York Anker warf, interviewten ihn die Journalisten. Er wieherte nur zur Antwort. Man fotografierte seinen mit Dauerwellen gelockten Schwanz, seine rostfreien Hufeisen, seine rot gemalten Nüstern. Er war ein Halbbruder der Mona Lisa, der immerlächelnden Stute, und ein direkter Nachkomme von Colleonis unsterblichem Pferd. Mütterlicherseits war er mit den Pferden von Marly verwandt, die auf der Pariser Concorde ihre Denkmäler haben. Er lief gegen Pin-up, den größten vierfüßigen Helden Amerikas, dessen Urgroßvater ein Marmormausoleum im Park seines Besitzers in Kentucky errichtet wurde.

Eines Tages jedoch spritzte man ihm heimlich Kokain ein, er stürzte und wurde zum Krüppel. Leicht hinkend holte er nun mit mir den Kehricht der Menschen vor ihren Türen ab. Wir legten die Hälse übereinander, um nichts anderes zu riechen als Pferd. Ach, es ist gut, mit einem Kameraden das Leben gemeinsam zu ziehen. Die Nase gefüllt mit seinem keuschen Parfüm. Den Schritt zu vermischen mit dem seinen, während dich tiefe Nachtgedanken leicht und fliegend machen.

Aber Stradivari war leider noch immer zu schön. Er wurde trotz Nacht und Kehricht vom Direktor der Filmgesellschaft »KIK« (Kultur, Ideal, Kunst) entdeckt. Er hatte einen Todessprung zu springen, um die Sensationslust der Menschen zu kitzeln.

Auf der glücklichsten Wiese Pans, im dichtesten Hafer, hoffe ich Dich wiederzufinden, Stradivari, seliger Freund!

Erster Schnee

Wie süß ist die kindliche Spur Deiner eisernen Schuhe im Schnee, Goliane! Sie trägt nun Gamaschen, das ist das neúste. Jetzt kann ich die Schritte nicht mehr unterscheiden, die auf den Wagen zukommen. Ich kannte sie gut: die Lackschuhe des ungeduldig Verliebten, die kleinen Wildledersandalen, die traurig von einem Abschied oder furchtsam vom verbotenen Rendezvous kamen, die dicke Gummikreppsohle des Plattfußes, der hinter dem Geld herjagt, die zögernden Schritte des Unsicheren und Zweifelnden und die freudigen, die Erde streichelnden des Menschen, der vom Erfolg betrunken ist.

Ach, es ist schwer, immer ein Ziel zu haben! Nur einmal wieder der Freude nachlaufen, ins Endlose hinein! Wohin aber drängt es die Menschen? Zur »Bar des Nichts«, zum »Existentialistischen Engel«, zum »Mysteriösen Weltschmerz«. Die kleinen Frauen schlüpfen aus ihren Pelzhäuten und reiben sich warm gegen ihre Tänzer, während sie singen:

»Fermez les ruisseaux, enfants,
Les prés ont assez bu.«

Und ich warte draußen, zitternd vor Kälte und Blutarmut. Denn steil ist die Rue des Martyrs, die zum Montmartre hinaufsteigt.

Was für ein inneres Futter mögen sie wohl in diesen brennenden Häusern finden? Ja, man sagt nicht umsonst: Paris ist das Paradies der Frauen und die Hölle der Pferde. Umsonst tragen die Laternen zuweilen dieses Schild:

Soyez bon pour les animaux!

Schneeschmelze

Sei gesegnet, allmächtiger Hippogryph! Gestern streifte mich Golianes Schwanz im Vorbeigehen. O symbolische Berührung! Konnte die ganze Nacht nicht schlafen. Dieses Erdenpflaster ist doch schön, mag es auch mit schlüpfrigem Asphalt und schwarzem schmelzendem Schnee bedeckt sein!
Dank Dir, heiliger Hippogryph, Schutzpatron der Liebenden! Du kennst wie kein anderer die Futtertröge des Herzens. Geflügelt wie Pegasus, halb Pferd, halb Greif, lebst Du nur für die Paarungen des Gefühls.
Sei gelobt für Deinen göttlichen Beistand.

Schnee und Regen

Der Wind wehte mir günstig heut. Er war rosa wie der Duft von Klee. Er enthielt Golianes Geruch. Ich zitterte vor dem Schritt, der mich oder sie holen würde, in irgendein Stadtviertel, in dem es nicht mehr nach Klee, sondern nach Seife oder Hering riechen würde. Wurde ganz nervös vor Angst, daß ein Fahrgast kommen und unsre – dem Anschein nach – schweigende Kommunion stören könnte.
Gewöhnlich durch mehrere Wagen voneinander getrennt, stand während vieler Stunden nur der Fiaker Nr. 16 zwischen uns. Wir waren fast vereinigt, o vorausbestimmte Schicksalsstunde!
Goliane erzähte aus ihrer Kindheit, von den Wiesen, die vor ihr dahinliefen, nahe am Teich, an dem sie mit ihrer zärtlichen Mutter Walroß spielte und sie mit Wasser bespritzte. »Ah!« rief ich aus, »könnte man doch nur einmal einen Blick

zurück, in die Vergangenheit werfen! Aber wie sollen wir den Kopf drehen, geharnischt und gezäumt wie wir sind!«
»Wir weinen und lachen doch nach innen«, sagte Goliane, »ziehen wir uns in uns selbst zurück. Erinnerung ist das Paradies der Pferde, aus dem uns kein Peitschenhieb vertreiben kann.«
Du hast tausendmal recht, meine große Liebe.
Was für ein schöner und ruhiger Tag dank dem Hundewetter.
Ich lief im Bebop-Rhythmus heim.

Nordwind

Heute schluchzte Goliane: sie hatte durch den Bois de Vincennes laufen müssen. Von allen Seiten bedrohten sie die entblätterten Bäume wie riesige Peitschen. Dazu zerriß ihr der Freßkrampf den Magen, denn ihr Herr gibt ihr nur Stroh und Kleie. Es wurde ihr schwindlig, sie sah im Fieber grüne und rote Pferde. Und dabei hieß es laufen, laufen. Sie lief wie ein irres Pferd. Und plötzlich lauerte ein Stein, groß wie ein Fels, auf sie inmitten der Straße. Sie stand fast still vor Schreck. Die Menschen wissen ja nicht, daß wir alle Gegenstände zehnmal vergrößert sehen. Der Fahrgast schrie: »Der verdammte Gaul hat wohl die Mauke?« Die Peitschenhiebe verdoppelten nur den Inferioritätskomplex, an dem Goliane leidet, so daß sie beinahe ausgerutscht und hingefallen wäre. Und ein Pferd mit verstauchtem Fuß ist gut für den Schinder. Wie schon das Sprichwort sagt: »Es ist kein Pferd so nobel, es wird zuletzt zur Mähre.«
Aber quälen und töten sie sich nicht sogar selbst, und mußten wir ihnen nicht in ihren Schlachten helfen? Nicht einmal Holzbeine bekamen wir, wenn wir verwundet wurden. Seit

Beginn unserer Zeitrechnung, seit dem Trojanischen Pferd sind wir in ihren Kriegen ermordet worden. Und wofür? Aber was ist von dieser pervertierten Rasse zu erwarten, die einst sogar die antiken Stuten vergewaltigte, um die Zentauren zu zeugen. Ich erröte vor Scham, wenn ich an diese Mesalliancen denke.

Glatteis

Böser Tag. Auf vereistem Pflaster laufen, man denke nur! Ich zitterte, als ein Gast in Golianes Wagen stieg und »Oper« verlangte. Ich hasse den Opernplatz. Ein schreckliches Geräusch, ähnlich dem Gewieher des Donners erfüllt dort die Luft. Gegen Abend blitzt es grün, rot und blau aus den Steinställen, in denen die Menschen wohnen. Tiere, doppelt so groß wie Pferde, streifen einen kalt. Und wenn man dann zwischen diesen eisernen Ungeheuern, die so sehr stinken, daß einem der Hafer hochkommt, durchgehen möchte, pfeift der Pferdeschutzmann. Es heißt warten in dieser feindlichen Umgebung. Neulich wäre ich beinahe in der Rue de la Paix über meine Angst gestolpert. Schöne Friedensstraße, die mit ihren gleißenden Luxuswagen in den Auslagen nur Unfrieden stiftet. Manche Auseinandersetzung spielte sich in meinem Wagen ab.
Heiliger Franz! Schütze Goliane auf ihrer Pilgerschaft über die großen Boulevards, den Opernplatz, kurz den ganzen zweiten Bezirk und streue unsichtbaren Sand über den Asphalt, damit sie nicht ausrutscht, denn der Fall eines Pferdes ist schlimmer als der eines Menschen.
Goliane kam todmüde zurück. Zum erstenmal rief sie laut

und verzweifelt aus: »O Goliath, Goliath, ich bin am Ende meiner Pferdekraft!«
Seit Wochen ertrug sie stoisch die schlimmsten Nieren- und Darmbeschwerden. Auch hustet sie. Und ich stehe hier mit gebundenen Füßen und kann ihr nicht helfen. Verzweifelt sehe ich rechts und links in die Zukunft.

Hundekälte

Goliane ist mehr als krank. Ihre Seele hat Rheumatismus. Sie steht in der Veterinär-Anstalt, dem Krankenhaus der Tiere, sagen die Sperlinge. Ich kenne den Ort, habe schon einmal einen überfahrenen Hund hingefahren. Im Hof steht ein Pferd, das sich nie rührt. Es ist ebenso tot wie die andern Pferde, die überall in der Stadt auf Sockeln elegante Posen einnehmen, beritten von sogenannten Helden mit Ritterpeitschen oder Säbeln in den Händen. Schon unser Freund La Fontaine besingt diese hohlen Statuen. Läßt er doch den schlauen Isatis in *Fuchs und Büste* sagen:

»C'était un buste creux et plus grand que nature:
Bellâtre, dit-il, mais de cervelle point.

Combien de grands seigneurs
Sont bustes à ce point.«

Diese ehernen Reiter sind die einzigen Menschen der Stadt, die zu schweigen verstehen. Die übrige Menschheit schweigt nur, wenn sie betet. Wenn ich vor der Kirche warte, sickert die Stille heraus. Niemand weiß, daß auch unser Schweigen nichts anderes ist als Gebet. Einst beteten Menschen das Gol-

dene Kalb an, warum sollte unsre Andacht vor dem Goldenen Pferd weniger ernst zu nehmen sein?
Habe mir die ganze Nacht die Knie im Gebet durchgescheuert, so daß ich heute Knieschoner tragen muß.

Schneesturm

Goliane, Goliane, Du leidest! Und ich leide mit. Ach, könnte ich doch Eimer auf Eimer mit meinen Tränen füllen! Ihr Herr sagte dem meinen: »Sie hat das Krepieren.« Tut das sehr weh?
Was hier auf dem Platz steht, ist nur ein wesenloses Bündel stachliger Knochen. Mein Entschluß ist gefaßt. Entweder Goliane wird gerettet oder ich werde sie nicht überleben. Ich werde tun, als würde ich scheuen, durchgehen und mich mitsamt dem Wagen von der nächsten Brücke in die Seine stürzen.
Jeweils zwischen zwei Fahrten bete ich:

»Heiliges Pferd im Himmel,
Gelobt sei Dein Name,
Dein Pferdereich komme zu uns,
Sowohl in den Ställen,
Als in den himmlischen Feldern,
Gib uns heute unsern täglichen Hafer,
Und vergib uns unser Straucheln,
Wie wir vergeben unsern Peinigern,
Und führe uns nicht auf die Boulevards,
Sondern erlöse uns von den Menschen,
Denn Dein ist das Pferdereich,
und die Pferdekraft,
Und die Herrlichkeit, in Ewigkeit, Amen.«

Goliane ist tot. Sogar »seziert«, erzählte ihr Kutscher. Ist das mehr als tot? Womöglich wie so viele der Unseren dem Pferdemetzger verkauft, der vor dem Eingang einen goldenen Pferdekopf hängen hat, der manchmal, wenn ich vorbeilaufe, seufzt: »O Goliath, da Du gangest, wenn das Deine Mutter wüßte, das Herz im Leib tät ihr zerspringen.«

Meine nächste Fahrt wird die letzte sein. Der Schmerz gibt mir tausend PS. Seit gestern habe ich aufgehört zu fressen. Glaube nicht mehr an Hafer und Prügel. Sie existieren nur in der schlechten Phantasie der Menschen.

Goliane, Geliebte, ich konnte Dich hier nicht erreichen. O mein brauner, vergeblicher Traum! Ich komme jetzt, Du sanfte, goldlackduftende Braut! Auf Wiedersehen, Goliane, in der ewigen Prärie!

Am nächsten Tag

brachten die Zeitungen unter »Unglücksfällen und Verbrechen«: Ein seltsamer Unfall ereignete sich gestern an der Karussellbrücke. Ein scheugewordener Droschkengaul riß die Brüstung nieder und stürzte samt Wagen und Kutscher in die Seine. Der Kutscher konnte gerettet werden. Das Pferd ging sofort mit dem Wagen in dem durch das augenblickliche Hochwasser sehr reißenden Fluß unter. Der Schaden beläuft sich auf ...

Affenliebe

Was für eine sadistische Spannung im Zirkus, während eine gefährliche Equilibristennummer oder dressierte Raubtiere vorgeführt werden! Welch unterbewußte Sehnsucht, den Akrobaten sich zu Tode stürzen zu sehen! Alle Herzen schlagen so laut, daß sogar das Orchester einige Minuten lang verstummen muß. Was erwartet man von dem Löwen, als daß er seinen christlichen Bändiger schließlich doch einmal zerreiße. Schon vor Jahrhunderten wurden in der Arena die Christen von den Löwen zerrissen. Das erhob ihre Seelen zu Gott. Heute jedoch sind die Christen in Sicherheit, sie haben einen Revolver im Gürtel stecken, aber die Seelen der Zuschauer werden von den Löwen zerrissen. Die Seelen, die sich an der Dressur, der Erniedrigung eines Tieres, weiden, das Tag für Tag in einem zwei Meter langen Gefängnis unaufhörlich im Kreis um seine Qual herumwandert. Kein Himmel mehr über ihm, keine Erde mehr unter ihm, keine Weite mehr vor ihm. Beraubt aller Gefahren und Widerstände, die sein Leben in der Steppe ausmachten, sieht der Löwe durch die Gaffer, die vor seinem Gitter stehen, hindurch ins Nichts hinaus. Unaufhörlich durchrennt er die Zeit in seinem Sarg aus Eisen. Wieviel Hunderte von Kilometern legt er so in dem engen Käfig zurück? Ein kleiner Anlauf nach rechts: die Wand. Ein kleiner Anlauf nach links: die Wand. Eine Drehung nach hinten: wieder die Wand. Und vor jedem Satz nach rechts und vor jedem Satz nach links dieses maßlose Anschmiegen der ganzen Länge nach an die Wand, als wolle er sie eindrücken mit dem ganzen Gewicht seiner enormen Verzweiflung. So verläuft ein Tag wie der andere, so wird aus dreihundertfünfundsechzig Tagen ein Jahr. Sein unzähmbares Blut, seine gefährliche Hoheit unterworfen mit Stachelhaken, Blankschüssen oder elektrischem Wechselstrom, der ihn wie ein unsichtbares Raubtier anspringt und seine Empörung lähmt.

Wie er hinaussieht mit seinen riesigen, magnetischen Pupillen, in denen ein grünes bengalisches Feuer brennt! Trotz der Gefangenschaft ist er zu stark, um jemals Trauer in seinen Blick zu legen; sie sind fast irre, diese Pupillen. Nie wird er seine tragische Unruhe, den Ruf der Steppe, das Rauschen des mannshohen Grases los. In seinen Gliedern sitzt der Sprung. Seine Brunst nach der Löwin im Käfig nebenan wird nie erhört. Nur ihr schwüler Geruch zieht wie ätzendes Gift zwischen den Stäben seines Käfigs in alle seine Sinne ein. Es erleichtert ihn kaum noch, zu brüllen. Automatisch entrollt alle zwei Minuten ein furchtbarer Schrei seinem Maul. Was nutzt es, sich die Haut und die Seele an den verrosteten Stangen wundzuscheuern? Er wird sie doch nie los, die glühende Sehnsucht, die ihn überall hinbegleitet, von einer Stadt zur andern, in die sein Sarg gefahren wird. Jahreszeiten, warme und kalte Winde, neue Düfte fremder Länder dringen in den Güterwagen, in dem die Kiste mit dem elendsten aller Könige steht.

Drohungen und Beifallsschreie wechseln ab. Niemand hat Mitleid mit ihm, der er doch einst Mitleid hatte mit dem Märtyrer, den er zerreißen sollte und dem er sich schweifwedelnd zu Füßen legte. Niemand auch erinnert sich, wie er, dem göttlichen Bändiger gehorchend, den Propheten Daniel in der Löwengrube verschonte. Der Schrei, den ihm sein Herr mit der Peitsche förmlich aus dem Maul reißt, damit die Zuschauer ein angenehmes Gruseln und Bewunderung für sein niederes Heldentum empfinden, ist nur ein kleines Echo jenes Gebrülls, das vor und nach der Vorstellung in den unterirdischen Gewölben des Zirkus die Wände umzuwerfen droht. Alle Tiere, die in der Nähe des Löwen untergebracht sind, zittern. Bako, der kleine Affe, sein Nachbar, weint, eingesperrt in einer winzigen Kiste. Er fürchtet sich, wenn das Geheul des Löwen in der Nacht wie ein schwerer Stein über ihn hinwegrollt. Sein Herz klopft rasend, die Zähne schlagen aufeinander. Er ist so allein. Mit den feinen schmalen Fingern rüttelt er vergeblich am Gitter seines Käfigs. Unaufhörlich springt er hin und her. Er ist ja nur ein Affe, ein Wesen, das keinen Augenblick stillhalten kann. Er bringt es sogar fertig, in der fünfzig Zentimeter breiten Kiste von einer Seite auf die andre zu springen. Ach, diese Kiste ist ein wahrer Salon gegen jene des Händlers in Marseille, in der er sich überhaupt nicht rühren konnte und aus der ihn sein jetziger Herr befreit hat. Bako ist in Gefangenschaft geboren. Für ihn besteht die Welt aus Kisten. Aus größeren und kleineren. Aus härteren und weicheren, die mit Stroh belegt sind. Schlimm sind die ganz verschlossenen, nur mit zwei Luftlöchern versehenen Kisten, in denen Bako auf der Bahn spediert wird. In diesen reist er manchmal eine Nacht und einen Tag lang. Er ist wie blind und wird immerfort hin und her geschleudert. Im Zirkus aber bewohnt er eine helle, mit einer durchsichtigen Drahttür versehene Kiste, durch die man mit der ganzen Neugier des Affen hinausgucken kann. Alle Kisten der Welt ließen Bako gleichgültig, gäbe man ihm nur sein Hündchen zurück. Er weinte so innig, daß man glauben könnte, er weine gern, so komisch hört sich sein Kummer an. Gewiß ist sein Unglück groß. Er hat nichts zu lieben, zu streicheln, an sich zu drücken. Ohne den Hund, mit dem man seit Wochen seine Einsamkeit getäuscht hat, kann er nicht schlafen. Ein Affe muß an irgendein Wesen seine übertriebene Zärtlichkeit, seine Affenliebe, loswerden. Bako weiß nicht, daß der kleine Hund vor einigen Stunden verkauft wurde. Er flötet traurig, er knirscht mit den

Zähnen. Zu seiner eignen Qual kommt noch die der Eifersucht hinzu, wenn er in der Kiste nebenan die Äffin Nelly vor Glück pfeifen und schnurren hört. Ja, sie hat die Kiste, den Löwen, den Zirkus und die Dressur vergessen. Sie hält ihr Kind im Arm, ein verrunzeltes, häßliches Wesen, dessen Herzchen gegen ihr Herz klopft. Sie gibt ihm die Brust, sie streichelt es, leckt es, wiegt es hin und her. Manchmal auch drückt sie es mit aller Kraft an sich, und es fehlt nicht viel, daß das Kleine an dieser schrecklichen Liebe erstickt.

Die Vorstellung ist längst zu Ende. Die Zuschauer sind fort. Das Rumoren im Haus hat aufgehört, aber in die Käfige will der Schlaf nicht kommen. Erst wenn die zehn Schimmel in den Krippen schon wieder zu leuchten beginnen, der Morgen, ein silberner Tänzer auf einem rosa Hengst, in der Arena als Kunstreiter auftritt, hat der Schlaf endlich alle Tiere gebändigt. Die Löwen träumen davon, wieder Löwen zu sein, die der in blutige Fetzen zerrissene Dompteur nie wieder zwingen wird, durch feurige Reifen zu springen. Die Seehunde balancieren eine Weltkugel aus Fischen auf der Schnauze, Bako hält drei kleine Hündchen im Arm. Und die Sonne, die nie in ihre Käfige kommt, scheint in aller Träume. Nur Nelly braucht nicht zu träumen. Kein Traum kann sie so glücklich machen wie die Wirklichkeit. Ihre Lippen sind ein wenig aufgeschürzt über den schönen Zähnen. Sie lächelt im Schlaf.

Auf was warten die Tiere den langen Tag hinter den Brettern ihrer Kisten? Auf das Rascheln der Mäuse zur Nacht, auf das Brüllen der Großkatzen, auf das Schweigen, das zwischen zwei Schreien der Löwen noch stärker lastet, auf den Schritt der Wärter, die den Morgen mit dem elektrischen Licht bringen, auf den Nachmittag und das Reinigen der Käfige, auf den Abend und die Vorstellung. Auf die paar Minuten, in denen sie die Illusion einer falschen Freiheit in den Farben der Scheinwerfer umgaukelt: blau, rot, grün. Endlich, nach der

Grabesstille, nach den Schatten der Unterwelt, nach dreiundzwanzig Stunden Nacht in den Zirkuskellern naht der fiebrige Moment des Auftretens, einziger Zweck des Kistendaseins. Was für ein Überfluß auf einmal an Licht, an Wärme, an Geräuschen und Bewegung!
Nelly begreift zwar nicht, warum man ihr ein rotes Kleid und ein Hütchen mit himmelblauer Straußenfeder anzieht, warum sie auf zwei Beinen spazierend einen Kinderwagen mit ihrem aufgetakelten Affenbaby in die Arena schieben muß. Bako versteht nicht, warum er als Gentleman angetan auf einem Stuhl zu sitzen hat und ein großes Blatt Papier unbeweglich vor sich hinhalten soll. Zeitunglesender Affe, wie gleichst du dem Menschen! Wie du und Nelly drehen sie sich auf dem Karussell des Lebens, tanzen auf dem Seil über dem Abgrund und versuchen auf dem Trapez des Schicksals das Gleichgewicht zu halten. Aber die Kunst, von einem Lianentrapez zum andern zu springen, wird im Zirkus leider nicht von Bako und Nelly verlangt. Nelly muß zur Melodie einer von Bako gehandhabten Drehorgel tanzen. Eine Lachsalve überschüttet Nelly, sooft sie sich nach jeder absolvierten Nummer über ihren Kinderwagen beugt und das dunkle verschrumpelte Baby darinnen mit grotesker Hingabe betrachtet und auf ihre Weise küßt. Vorführung eines echten Gefühls, was für ein Witz! Den Abschluß des Auftretens bildet ein Ritt auf zwei großen Doggen, die mit ihren leichten Reitern in rasendem Galopp über Hindernisse zu setzen haben. Nelly und Bako rutschen dabei, obwohl sie angeschnallt sind, vom Sattel herunter. Sie hängen nur noch auf einer Seite. Ihre schweißnassen Hände haben sich in das Halsband der Hunde verkrampft. Sie pfeifen vor Angst und schneiden jämmerliche Grimassen. Für eben diese Mimik hat das Publikum bezahlt. Nelly und Bako ziehen die Stirnen kraus, die Haut um ihre Ohren ist wie plissiert von unzähligen Fältchen, sie schieben

die Kopfhaut hinauf und hinunter, so daß die von einem Gummiband gehaltenen Hüte zur Seite kollern. Das Publikum tobt, köstlich belustigt. Unter großem Applaus schiebt Nelly, auf zwei noch zitternden Beinchen stolzierend, ihr Kind in das Gefängnis zurück. Dort bekommen sie heiße Milch, damit sie sich nicht erkälten. Bako schiebt Bananen und Reis in die Backentaschen, seine Vorratskammern. In den traurigen Stunden der einsamen Nacht müssen ihm zwei Bananen die Bananenwälder seiner Vorfahren, etwas Reis die Reisfelder der Freiheit ersetzen. Nelly schlingt hastig wie eine barbarische kleine Negerin ihre Nahrung hinunter. Sie ist ganz in den Anblick ihres Kindes vertieft. Warum liegt es so still und apathisch in ihrem Arm? Es will nicht trinken wie sonst, obwohl sie es immer wieder an ihre Brust ansetzt. Nellys sanfte, nahe beieinanderliegenden braunen Augen suchen den Herrn. Sie fixieren ihn, sie lassen ihn nicht mehr los. Schließlich gibt sie ihre kühle Hand mit den edlen durchsichtigen Fingernägeln, die sie selbst immer kunstvoll mit den Zähnen abbeißt und manikürt, diese flaumige Hand mit dem rosa wachsglatten Handinnern zur Kiste hinaus dem Herrn hin. Wirklich, es ist die Hingabe einer Hand, so weich, so gelöst, so ausdrucksvoll, so flehend und zärtlich zugleich sind die fünf Finger. Immer erbittet Nelly mit dieser Geste Hilfe. Seit der Herr einen schlimmen Abszeß an ihrem Arm geheilt hat, denkt Nelly, er könne alle Schmerzen heilen, die der Seele und die des Körpers.

»Was ist denn, meine kleine Nelly?« fragt er. Er streichelt sie und nimmt ihr vorsichtig das Kind aus dem Arm. Er allein darf es anrühren. Wehe dem Pfleger, wenn er sich daran vergreifen sollte! Dann wird Nelly zur teuflischen Wilden aus Afrika. Sie fletscht die Zähne, sie ist nichts mehr als Gebiß, das sich in das Fleisch des Unvorsichtigen eingräbt. Früher gehörte Nellys ganze Liebe dem Herrn. Seit sie Mutter ist, gehört ihm nur noch die Erinnerung an diese Liebe. Damals lebte sie nur für die Augenblicke, die er mit ihr verbrachte. Schon zwei Stunden vor der Vorstellung begann sie auf seinen Schritt zu horchen. Hörte sie ihn endlich, fand sie in ihrer Kiste Platz zu den unglaublichsten Freudensprüngen. Alles Blut schoß ihr zu Kopf. Wirklich, sie errötete. Am Hals des Herrn war ihr Paradies. Sie konnte nicht aufhören, ihn zu umarmen. Nachdem sie sich etwas beruhigt hatte, tastete sie an seinem schwarzen, abgeschabten Smoking herum, zog ihm das seidene Taschentuch aus der Brusttasche heraus, um ihn zu erheitern. Denn wenn er lächelte, war er gut gelaunt. Dann durfte sie ihn länger umarmen als sonst und er löste ihre Ärmchen nicht so schnell von seinem Hals. Sie spielte Beißen mit ihm, nahm seine Finger vorsichtig zwischen die Zähne und streichelte sie mit der Zunge, als koste sie ihren Geschmack. Toll vor Freude, bewegte sie die Lippen, sagte ihm alles, was sie für ihn empfand. Wie eine verrückte Geliebte plapperte sie ihm stumm ihre Seligkeit vor. Sie war gar nicht verrückt, Nelly, nur ein wenig betrunken von jener sprichwörtlichen Affenliebe, die kein Maß kennt. Sie kletterte an ihrem Freund herauf und herunter. Und hätte man sie in Freiheit auf die Bäume ihrer Heimat entlassen, sie hätte sicher die zwei Äste seiner Arme allem andern Astwerk vorgezogen. Sie umschlang seine Füße, seine Arme, seinen Hals. So außer sich war die kleine Äffin, daß sie zuweilen seine Hand nahm und sie gegen ihr wildpochendes Herz drückte, als fühle sie, daß hier der Sitz ihrer glühenden Begeisterung war.

Es war eine rechte Tragikomödie der Leidenschaft, von neurasthenischen Zorn- und Eifersuchtsausbrüchen begleitet. Ja, wie eine Geliebte überwachte sie alle Bewegungen ihres Idols. War er zu zärtlich zu einem der Hunde, wurde dieser am Abend während der Vorstellung rachsüchtig zerkratzt. Instinktiv verfolgte sie die Frau des Herrn mit einem echt weiblichen Haß. Wenn der Herr wegging, weinte sie trostlos vor sich hin wie eine Verlassene. Und jeden Abend dieselbe Verzweiflung, obwohl sie wußte, morgen kommt er wieder. Sie ersann eine List, um ihn länger bei sich zurückzubehalten. Wenn sie hüstelte, würde er sie pflegen, ihr Sirup einträufeln, das wußte sie. Und mit einer rührenden Ungeschicklichkeit stellte sie sich krank, hielt ihm bittend die Hand entgegen, nur um noch einmal aus der Kiste gehoben, in die Arme genommen zu werden, noch einmal mit Inbrunst ihre Nase, ihre Stirn an das einzigartige Gesicht drücken zu können.

Eine sensiblere Liebesszene konnte selbst eine Frau nicht spielen. Eine Berührung der Hand des Herrn erregte Nelly so sehr, daß sie zitterte. Ein Scheltwort verwandelte ihr Gesicht in das Antlitz einer traurigen Greisin. Sie wurde aschgrau, erblaßte, ihr Puls schlug schneller, und erst ein gütiges Wort konnte sie wieder beruhigen. Um von ihm gelobt zu werden, überbot sie sich an Eifer während der Aufführung. Sie war aufmerksam; bei der Zerstreutheit der Affen eine seltene Tugend. Auch stellte sie Bako Fallen, damit er getadelt würde. In ihrem Ehrgeiz, dem Herrn zu gefallen, hätte dieser die unmöglichsten Kunststücke von ihr verlangen können. Vielleicht hätte sie sich sogar für ihn den Hals gebrochen, wenn das bei der elastischen Behendheit ihrer Affennatur möglich gewesen wäre. Und es war noch auf einen Rest dieser früheren Zuneigung zurückzuführen, daß sie sich jeden Abend das Kind wegnehmen ließ, es hinausschob in den grellen Kreisel des Zirkus, wo es wimmernd aus dem Schlaf fuhr.

»Dein Kind ist krank, Nelly«, sagt der Herr. Nelly weiß, was das bedeutet: krank sein. Sobald es einem Windhauch während einer Eisenbahnfahrt gelingt, sich in ihre Kiste zu schmuggeln, hat sie Fieber. Es rauscht in den Ohren wie am Abend, wenn die Menschen die Hände gegeneinanderschlagen. Ganz wie am Abend sitzt man auf einem Karussell, das

sich unaufhörlich dreht. Lang genug haben Bako und sie eine Nummer auf dem Karussell vorgeführt. »Du hast Fieber«, sagt der Herr jedesmal, wenn sich der Käfig mit ihr wie ein rasendes Karussell dreht. Und die Schimmel, sonst weit weg von ihr, die Seehunde, die großen braunen Bären kommen alle zu Besuch in Nellys kleine Kiste. Es ist erstaunlich, wie viele Tiere plötzlich in den winzigen Holzkasten gehen, wenn man krank ist und Fieber hat.
Während der Herr dem Kleinen aus einem Medizinfläschchen einige Tropfen einflößt, hat Nelly die leichtbehaarte Stirn zurückgeschoben und in zahlreiche bogenförmige Kummerfalten gelegt. Als er ihr das Baby zurückgibt, hüstelt sie, um ihn zurückzuhalten. Das heiße, schlappe Ding in ihrem Arm, das nicht trinken will, macht sie stutzig. Mit beiden Händen hält sie es weit von sich ab, um es aufmerksam zu betrachten. Ihre Stirn fältelt und entfältelt sich. Es sieht aus, als gingen viele Gedanken dahinter auf und ab. Und sicher denkt es hinter der steilen tierischen Stirn. Nicht umsonst reicht sie dem Herrn das Kind noch einmal hin.
Um Nellys Vertrauen zu ihm nicht zu enttäuschen, macht er ihr etwas vor. Er reibt das Kleine mit Eau de Cologne ein. Nelly liebt Parfüms. Besonders das des Herrn: Lavendelwasser, nach dem sein Smoking riecht. Zur Zeit ihrer großen Liebe hat sie eines Abends vor der Vorstellung die Flasche gestohlen und über sich geleert. Kann man sich mit der Nase betrinken? Man möchte es glauben. Nelly glich einige Stunden lang einer Bezechten. Das Parfüm ihres Herrn war zu ihr gekommen. Immer wieder schloß sie die Augen, um besser riechen zu können. Ihre Sinne können sich noch so urstark freuen. Sie hielt den Schwanz oder den Handrücken an die Nase und spreizte verzückt die Finger und Füße. Dann verknotete sie Arme und Beine, um den Geruch festzuhalten wie einen Gefangenen. Sie hielt etwas Unbegreifliches, etwas Unsicht-

bares, was zu dem Herrn gehörte, fest gegen die Brust. Nelly gibt dem Herrn die Hand. Dann drückt sie die Nase an ihr parfümiertes Kind, hockt sich in eine Ecke mit ihm und wartet auf den Schlaf. Freilich, solange das Kleine ächzt, kann sie nicht einschlafen. Die Mitternacht hat den Zirkus schon längst verlassen. Auch des Kölnische Wasser, das ein wenig getröstet hat, ist verduftet, und Nelly hockt noch immer mit offenen Augen in ihrer Ecke. Nicht wie sonst hat sie im Schlaf die Lippen leicht über dem Zahnfleisch aufgeschürzt. Nicht wie sonst lächelt sie noch im Traum darüber, daß sie Mutter ist. Obwohl sie im Dunkel nichts sehen kann, schaut sie auf die Stelle hinunter, wo das Äffchen in ihrem Arm gebettet liegt. Sooft es röchelt, fletscht sie böse die Zähne. Sie will den Dämonen der Finsternis zeigen, daß sie keine Angst hat, daß sie sie in Stücke reißen würde, wenn sie sich dem Kind nähern sollten. So findet sie die Dämmerung in ihrer Ecke, als sie auf ihrem rosa Hengst vorbeireitet. So findet sie auch der Herr, der in aller Früh in den Zirkus kommt, um nach seinem Lieblingstier zu sehen.

Er gibt dem Kleinen wieder einige Tropfen, er reibt es ab, um Nelly Freude zu machen. Auch versucht er seine Händchen anzuhauchen, denn im Gegensatz zum Abend vorher ist das Körperchen heute kalt. Aus diesem elenden, frostgeschüttelten Häufchen wird nie ein Affe werden, der den Menschen Kunststücke vormacht.

Mitleidig legt der Herr es in Nellys Arm zurück. Sie schaukelt das zitternde Junge, hebt es hoch und haucht es an, wie sie es dem Herrn soeben abgesehen hat. Schließlich versetzt sie ihm sogar einen kleinen Klaps, weil es immer noch nicht trinken will. Vielleicht kann sie mit Strenge den Kindertrotz brechen? Als der Herr am Nachmittag die Kiste öffnet, hält ihm Nelly ihr Kind flehend entgegen.

»Arme Nelly«, sagt er, »arme Nelly!« Er nimmt das Kleine an

sich. Es ist noch lau. Nelly ahnt nicht, daß sie aufgehört hat, Mutter zu sein. Aber als der Herr mit ihrem Schatz weggeht und nach einer Viertelstunde ohne das Kind wiederkommt, bekommt sie einen Tobsuchtsanfall. Wütend wirft sie sich gegen das Gitter der Kiste, zerrt das Stroh in die Höhe und streut es über sich. Kopie der Qual eines Menschen. Instinktiv bedient sich die Verzweiflung immer derselben Gesten.
Der Herr ist gezwungen, den Leichnam zurückzuholen, sonst setzt er das Auftreten Nellys aufs Spiel. Das Junge ist schon nichts mehr als ein Stückchen graues, verfilztes Fell, das im Abfalleimer zwischen Roßbollen und faulem Stroh gelegen hat. Aber für Nelly bedeutet es noch eine Welt. Nicht was die Dinge in der sogenannten Wirklichkeit vorstellen, ist überzeugend, sondern was die Phantasie in sie hineinlegt.
Nelly stutzt doch über die Eiseskälte und Starrheit des Balgs, den sie wieder in den Armen hält. Der Geruch des Todes wird von etwas Kölnischem Wasser, mit dem ihn der Herr bespritzt hat, übertrumpft. Begreift Nelly: sie hat noch ein Kind und hat doch keines mehr. Vorwurfsvoll sieht sie den Herrn an. Warum befiehlt er, der alles kann, dem Kind nicht, an ihrer Brust zu trinken?
»Dein Kind ist sehr krank, arme Nelly!« sagt er wieder und wieder, während er ihr sanft das rosa Kleid überstreift, wie sonst. Ganz wie sonst wird auch das Kleine in weißen Wickelstaat gesteckt. Nelly hofft einen Augenblick lang, daß unter dem Spitzenputz das Kind wie sonst zu wimmern beginne. Gewiß wird es sich nach der Vorstellung wieder gierig an ihrer Brust festsaugen. Zwischen jedem Auftreten stürzt sie zu ihrem Kinderwagen. Hat es sich nicht gerührt? Sie wirft sich über das Leichlein und rüttelt es. Ihre verzweifelten Grimassen sind so grotesk, daß das Publikum sich vor Lachen schüttelt. Die Verzweiflung einer Äffin, kann es etwas Komischeres geben? Wie ein kleiner Clown steht sie vor dem lu-

stigen Totenwagen. Die himmelblaue Feder ihres rosa Hütchens weht hin und her, sooft sie den Kopf über ihr Unglück schüttelt. Noch nie hat Nelly so viel Applaus geerntet. Das Klatschen will kein Ende nehmen. Sie muß sich an der Hand ihres Herrn noch einmal im Rampenlicht zeigen. Und während sie sich verbeugt, hat sie den Kopf unausgesetzt nach dem Schattenreich zurückgedreht, in das der Kinderwagen bereits hinunterrollt. Die Zuschauer halten sich die Seiten vor Lachen. Nachher streichelt sie der Herr lange und zärtlich. Aber Nelly antwortet weder mit den Augen noch mit den Händen. Wieder und wieder versucht sie dem immer mehr zusammenschrumpfenden Leichlein ihre Brust zu reichen. Lange, unermüdlich haucht sie es an. Sobald sie eine Stelle etwas erwärmt hat, beginnt sie wieder zu hoffen. Armseliger Sieg über die Vernichtung, der eine Sekunde dauert.
Und dann muß ihr der Herr den kleinen Kadaver mit List wegstehlen. Die Verwesung setzt ein. Nelly sucht überall ihr Kind. In der rechten Ecke der Kiste und in der linken. Und wieder in der rechten und wieder in der linken. Wenn einer etwas verloren hat, mag er auch schon fünfzigmal an derselben Stelle nachgesehen haben, sieht er doch verbissen noch zum einundfünfzigstenmal nach. Man hat besessen, gestern, vorgestern noch, warum soll es heute mit dem Besitz zu Ende sein? Nelly wird unlogisch wie alle Suchenden. Sie hebt das Stroh hoch, sie durchsucht die einzelnen Halme, als könnte sich das Kind darin versteckt haben. Leer, leer, ihre Arme, ihre Brust, ihr Herz. Alles leer. Das Kind hat sie verlassen. Ihr Verdacht wird Gewißheit. Und jetzt beißt Nelly vor Zorn in das Drahtgitter ihrer Kiste. Sie stößt langgezogene Wehlaute aus, während sie die Hände ringt. Schrecklich ist sie anzusehen. Sie schluchzt. Tränen freilich kann sie nicht weinen, aber ihre Augen sind naß. Ihre Lippen hat der Gram gedehnt, bis zu den Ohren zurückgerissen. Man erwartet einen furchtba-

ren Schrei, der aus dieser unnatürlich großen Öffnung fallen wird. Ihr Gesicht gleicht den tragisch verzerrten Masken der Neger.
Eine kleine Katze, die ihr der Herr als Trost in den Arm legt, mißhandelt sie, die Milch schüttet sie um, die Früchte werden am Gitter zu Brei zerquetscht.
Am Abend zerreißt sie das rosa Kleidchen in Fetzen. An ein Auftreten ist nicht zu denken. Aber auch am nächsten und übernächsten Abend will sie nicht mehr daran erinnert werden, daß sie Nelly ist, die »berühmte Amme Nelly«, der Star der Truppe ihres Herrn.
Zusammengebrochen, nur noch halb so groß wie früher, liegt sie in einer Ecke. Auch die Spritzen des Tierarztes vermögen nichts mehr über ihre Trostlosigkeit. Sie gleicht eher einer ausgestopften Äffin, so starr wie sie daliegt, denn einem lebenden Tier. Ausgestopft jede Stelle ihres Körpers mit Kummer. Ihre Affenliebe hat sich in Affengram verwandelt. Ebenso elementar wie ihre Leidenschaft ist ihr Leid. Etwas Unsagbares hat ihre Augen geweitet und gereift. In ihren Pupillen liegt das tote Kind begraben. Sie sehen weder den Herrn, weder Licht noch Dunkel. Sie starren auf zwei haarige Arme herunter, in denen immer noch ein graubraunes Affenjunges zu liegen scheint.
Und dann kommt es auch über Nelly. Sie kann der Verlokkung, nicht mehr zu leiden, nicht widerstehen. Der Herr hat Tränen in den Augen. Hat sie ihm verziehen, daß er sie enttäuscht hat und ihr Kind nicht zu retten vermochte? Als er sie aus der Kiste nimmt, sieht sie ihn weinen. Zart legt sie noch einmal die abgemagerten Ärmchen um seinen Hals, wie früher, als sie noch seine verliebte Freundin war. Aber nach wenigen Minuten zieht der Tod hinter ihr ihre kraftlosen Hände wieder herunter. Ihre Lippen haben sich ein wenig über den schönen Zähnen hinaufgezogen. Sie lächelt im letzten Schlaf.

Das Kälbchen

Die Kuh lag da wie ein kleines Gebirge. Der Leib ein brauner Felsblock mit grauen Schluchten dazwischen: das waren die Streifen ihres Fells. Um das Maul heißen Schnee. Die Hügel des Euters zum Platzen. Die Beinstümpfe ins Leere gerückt. Zuweilen rollte das Auge wie eine Marmel hin und her. Oder ein Schrei kollerte aus dem Schlund, ein schwerer Stein, der durch die Stille der Nacht polterte. Etwas Urhaftes war in diesem Brüllen, das sogar den stumpfen Bauern erschreckte, der nun schon zwei Tage und eine Nacht neben der kreißenden Kuh hockte. Seine Augen stierer als die eines toten Kälbchens, sahen aus dem ziegelroten Schädel, der gleich mitten auf dem blauen Leinenkittel stak, unverwandt von der Kuh auf die rauchende Lampe und von der Lampe auf die rauchende Kuh. Und wie sein Auge, so ging auch der einzige Gedanke, dessen er fähig war, immer im Kreis. Immer um die Kuh herum, die bisher gar keine Kuh vorgestellt hatte, sondern eine Masse Fleisch von soundsoviel Kilo, das Kilo zu soundsoviel Franken. Aber jetzt hatte sich diese Kuh plötzlich in ein Gefäß mit vielen Litern Milch verwandelt und warf noch dazu ein Stück Fleisch, das man in zwei Monaten für beinah fünfhundert, wenn man es geschickt anfing, für sechshundert Franken verkaufen konnte.
So wurde Kälbchen bei seiner Ankunft auf der Welt berechnet.
Naß und glänzend stand es da auf seinen viel zu langen, schmalen Beinchen, die sich bemühten, den Körper im Gleichgewicht zu halten. Sein kindliches, rosiges, frischlak-

kiertes Maul schnupperte schon nach dem Euter der Mutter, während diese es leckte und von allem, was Nicht-Kälbchen war, reinwusch.

Der Stall dampfte. Der rote Bauer ging ab und zu. Bereits fluchte er. Das Kälbchen, das er gewogen hatte, bestand nur aus dreiundzwanzig Kilo. Er hatte mit fünfundzwanzig gerechnet.

Aber das unschuldige Tier schaute ihn nur kindlich an, als er ihm für diesen Mangel an Gewicht einen rohen Klaps versetzte. Es wußte noch nicht, was ein Klaps war. Aus seinem halbseidenen Maul streckte es eine noch unwissende Zunge heraus – eine Zunge, die später einmal den Unterschied zwischen Gut und Böse unter den Blumen so sicher erkennen würde – und leckte die Hand des Bauern. Der warf es in die Krippe vor die Mutter zurück. Es ritzte sich dabei ein klein wenig an den Bügeln der Krippe die neue feine Haut, die so kunstvoll um seinen unproportionierten Körper gespannt war.

Das war der erste Tropfen Blut, den es für den Menschen blutete.

Da lag es nun in der Krippe und versuchte aufzustehen und durch die Stange zu seiner Mutter zu gelangen. Und die lange Zunge seiner Mutter schleckte durch die Stange hindurch nach ihm. Es begriff gar nicht, daß diese unendliche, nirgends endenwollende Zunge es nicht ganz einfach zudeckte. Konnte es eine schönere rosa Decke geben? Ein Stückchen davon traf zuweilen sein Kindermaul. O wie gut das nach Milch und Wärme schmeckte! Und in der Krippe betäubte das Heu; denn der rote und weiße Klee und das Wiesenschaumkraut, Salbei, Hahnenfuß und der kleine vorwitzig duftende Thymian lagen da im Tode vereint nebeneinander. Da kam wieder die große Zunge und machte einen so müde. Kälbchens Maul schmolz, als ob es aus rosa Zuckerzeug wäre, und ein wenig Sahne tropfte süß heraus. Dann schlief es

ein, während seine Mutter ihm ein Wiegenlied aus glücklichen Urwaldschreien brüllte und sich ab und zu mit der Zunge versicherte, daß es noch da war.
Das war sein erster Tag und die einzige Zärtlichkeit, die es in seinem Dasein zu kosten bekam.
Tags darauf schon, kaum hatte es die Mutter mit der Zunge wachgeküßt und gebürstet, krochen die zwei Hände des Bauern wie rote Krebse auf das Stierlein zu. Ein garstiger, kratzender Strick wurde um den zarten Hals geschlungen, und das Kalb wurde ziemlich weit von der Mutter entfernt an einen Pflock festgebunden. Es versuchte einige komische Sprünge in der Sonne. Ja, es tanzte in seiner Helligkeit den Tanz des goldenen Kalbes. Der Bauer gab ihm einen Fußtritt, den es mit einem erstaunten Blick seiner großen gütigen Augen beantwortete. Dabei blutete es wieder leise aus einem Hüfchen, die fast den schmalen Hüfchen der Rehe glichen. Es rieb den Kopf mit seinen weichen Knorpeln, die einmal Hörner werden wollten, an der Wand und begann nach seiner Mutter zu klagen. Ein dumpfes Geräusch antwortete ihm. Es erkannte den schmerzerfüllten Ruf wohl. Wie ein kleiner Stoß flog er alle zwei Minuten an seinen Kopf: das war seine Mutter. Unter den langen gelbseidenen Wimpern sah es nach der Richtung des Gebrülls und scheuerte seinen Hals wund an dem Strick. Es riß und riß daran, um das Gebirge da drüben, das nach Milch und Süßigkeiten schmeckte, zu erreichen.
Der Bauer kam, packte es am Schwanz, der nur dazu da war, und riß es nach der andern Seite herum. Er hatte beschlossen, das Kälbchen nicht an der Mutter trinken zu lassen, damit die Kuh ihre guten rundlichen Formen behielt, nicht zu sehr einsank und geschwächt wurde. Er stieß dem vierbeinigen Säugling einen Gummiluller ins Maul, an dem eine riesige Blechflasche, mit einigen Litern kuhwarmer Milch gefüllt, befestigt

war. Das Stierlein jedoch fand, daß dieser Kautschukstummel nicht dem Geschmack des Euters seiner Mutter ähnelte, und stieß ihn wieder heraus. Da kam es dem Bauern eben recht. Der verstand keine tierischen Späße. Wild riß er den Kopf mit den reinen Augen zurück, klappte ihn auf und schob die Flasche so tief hinein, daß das Kälbchen sich dagegen zu wehren suchte. Dabei kamen einige Tropfen Milch heraus. Und nun begriff es und begann zu trinken.

Jeden Abend wurde es gewogen, und wenn es zu leicht befunden wurde und nicht täglich ein Kilo zugenommen hatte, begann die schlimmste seiner Qualen. Denn der Bauer warf ihm durchs Maul Eier, Reis und Mehl in den Magen, bis es so voll traurigem Ekel war, daß es gerne geweint hätte. Aber es wußte nicht, wie man das macht.

Nach drei Wochen mußte seine Mutter wieder aufs Land hinaus, Pflug und Karren ziehen, und sooft sie schwer vorbeischwankte, beroch und näßte sie ihr Kind, während dieses die täppischsten Sprünge vollführte und den Körper mit der Liebe darinnen nach rechts und nach links der Mutter entgegenbog. Eines Morgens aber, es war gerade zwei Monate alt geworden, kam der Bauer zu einer ungewöhnlichen Stunde und brachte ihm zu trinken. Nicht fünf Liter, wie gewöhnlich, sondern zehn. Natürlich weigerte es sich, den Rest auszutrinken. Da mußte schon der Knecht herzulaufen, den Kopf des Stierleins halten und die Milch in seinen Magen wie in ein Faß hineinschütten. Und nicht genug damit, brachte die Magd ein Becken, in dem zum mindesten ein Dutzend Eier verschlagen waren. Sie wurden dem Balg mit Gewalt ins Maul gestopft. Als es sich mit seiner Zweimonatskraft eines kleinen Bären wehren wollte, nahm der Knecht den Strick und gab ihm einen vollendeten, eines starken Mannes würdigen Hieb auf den Hinterschenkel.

Da blutete es zum dritten Male.

Aber dieses Mal schritt der Bauer ein und sagte: »Gib acht, daß es heute nicht blutet, sonst ist der Meter Haut gleich sieben Franken weniger wert.«
Es bekam einen Lederriemen eng um das Maul geschnallt, um seinen wundgescheuerten Hals einen Strick, wurde losgepflockt und hinausgetrieben. Alles war anders als sonst. Es brüllte auf mit seiner kindlichen Stierstimme, ahnungsvoll schrie es nach der Mutter. Aber die war an einem Eisenring angebunden, und trotz riesiger Kraft und riesiger Sehnsucht konnte sie nichts gegen den Willen des schwachen Menschen tun. War der Stall draußen groß! Es wollte vor Staunen nicht weitergehen. Kaum spürte es die Hiebe, so groß war seine Verwunderung über die Welt. Überall Heu und wieder Heu: aber dieses Heu wuchs fest am Boden an und sah so lustig und bunt aus. Die einzelnen Gräser waren scharf geschliffen. Man durfte ja nicht mit dem Maul hinkommen. Es roch Düfte, die es noch nie gerochen, und blieb vor Vergnügen wieder stehen. Da pfiff der böse Knotenstock hinter ihm her. Es begriff gar nicht, warum es sich nicht freuen sollte und warum der Bauer sich nicht mitfreute. Der Bauer, dessen Hände so schön salzig schmeckten! Armselige Hände, die sich nur in sein Maul schoben, um die Qualität seines Fleisches zu prüfen. Kaum hatte es angefangen, sich über die ungeheure Wärme der goldenen Zunge zu freuen, die ihm den Rücken leckte, eine Zunge, süßer als die der Mutter, als es mitsamt seiner Freude gepackt und auf einen Wagen geworfen wurde.
Da stand es nun festgebunden an der Bank des Bauern und zitterte, als das Pferd zu traben begann. Bäume und Felder liefen ihm nach. Die Blumen, die es sonst immer nur im Heu hatte liegen sehen, stellten sich alle aufrecht auf ihre dünnen Beinchen und nickten ihm zu. Aber das war nur der Wind. Der schien ihm wie der Atem eines Tieres auf seiner Haut. Andere Kühe und andere kleine Kuh-Junge kamen hinter ih-

nen her. Und Kälbchen hatte doch immer geglaubt, es wäre das einzige seiner Art auf der Welt. Und alle brüllten liegend mit verschnürten Fesseln oder am Sitzbrett angepflockt. Wieder andere sausten so schnell vorbei, daß man nicht recht wußte, ob es auch wirklich welche gewesen waren, ganz wie zur Nacht, wenn man den Stall nicht mehr sieht und die schwarze Kuh kommt. Das waren vielleicht nur Träume von Kälbchen, die da vorbeijagten. Aber sie machten einen schrecklichen Lärm und rochen schlecht. Vor denen lief nicht einmal ein Pferd. Denn die feinen Kälbchen der Großbauern fahren heutzutage im Auto in den Himmel.

Sie fuhren alle denselben Weg: zum Kälbermarkt.

Der Wagen hielt vor der Tür des Dorfschlächters.

Der Bauer sprang ab und öffnete den Wagen nach hinten. Irgendeiner – zu einer groben Handlung findet sich immer eine hilfreiche Hand – zog das Kälbchen am Schwanz, der Bauer am Kopf, und herunter warfen sie es aufs Pflaster, ganz wie ein großes Paket. Dabei wurde sein rosa bemaltes Marzipanmaul angeschlagen und blutete.

Das war das vierte Mal.

Die Stricke wurden ihm abgenommen. Es stand wieder auf den Beinen, wartete auf die Erschütterung, die es vom Wagen gewohnt war, und wußte nicht, ob es vorwärts oder rückwärts laufen sollte. War das nicht ein und dasselbe? Aber der Bauer trieb es mit seinem Knotenstock in eine der vier den Menschen so wichtigen Himmelsrichtungen. Es landete auf dem Marktplatz und wurde wie hundert seinesgleichen an einen Eisenring an der Mauer angeseilt.

Kamen die Käufer, sanguinische Fleischer mit violetten Köpfen, aus dem Dorf und der Umgebung. Drehten ihm einen Augendeckel um, um am Augapfel zu sehen, ob es rosa oder weißes Fleisch hatte, rissen den Schwanz wie einen Strick in die Höhe, um die Qualität der Ware besser abschätzen zu können. Sperrten ihm das Maul auf und schoben die salzige Schweißhand hinein, die Kälbchen jedesmal dankbarst zu lecken begann. Zu jedem Angebot, das sie dem Bauern machten, klopften sie der Ware auf Hüften, Schultern oder Bauch, und Kälbchen glaubte erfreut, diese stoische Berufstasterei gälte seiner Seele. Unter listigem Feilschen, Überbieten, Unterbieten, Augenrollen, Stöhnen und Fluchen wurde es endlich dem Dorffleischer zugesprochen, der von vornherein sein schielendes Auge auf den schönen, saftigen Brocken geworfen hatte.

Als es auf die Waage gestoßen wurde, gegen deren viereckigen Pferch es durch störrisches Hopsen protestierte, gab es vor den Zuschauern wieder einige Prügel, wodurch es noch ein wenig schwerer wurde. Kummer wiegt auch auf der Viehwaage. Gleichzeitig entstand eine heftige Diskussion. Der Käufer hatte den Magen betastet und behauptet, Kälbchen habe noch von heute morgen zwei Kilo im Magensack, das sei Betrug, und den Betrug wolle er nicht bezahlen. Dazu rief der Bauer einen Gott zum Zeugen an, daß es nicht wahr sei, und der Fleischer einen andern, daß er lüge, und schließlich hatten sie doch beide denselben Gott, nämlich keinen. Und Kälbchen illustrierte das Geschacher zum allgemeinen Gaudium mit seinen jungen Bocksprüngen, und bevor es die Waage in Stücke brach, einigte man sich schnell, und es wurde auf fünfundachtzig Kilo degradiert. Die fünfundachtzig Kilo bekamen einen Stempel und wurden nach einem kleinen Stall, in dem schon drei hysterische Ziegen wüteten, hinter dem Schlachthof abtransportiert.

Da stand es nun und blökte und verweigerte jede Nahrungsaufnahme vor Sehnsucht nach seiner Mutter. Als es auch am Abend nichts essen wollte, sagte der Fleischer:

»Es muß morgen in aller Früh geschlachtet werden, bei diesem starken Heimweh magert es uns zu sehr ab. Ich habe für

fünfundachtzig Kilo bezahlt, ich setze schon drei zu bis morgen früh mit diesem verdammten Vieh.«
Kälbchen war traurig. Als die schwarze Kuh kam, wollte es nicht schlafen. Eigensinnig hielt es die Augen offen. »Nur um abzumagern«, sagte der Fleischer böse. Er holte es deshalb schon um fünf Uhr früh. Ah, nun konnte es wieder laufen. Gerade als es anfangen wollte, sich an seinen vier Hüfchen zu freuen, wurde ihm plötzlich der Boden unter den Füßen weggezogen. Es hing an einem Bein in der Luft. Schwer und zitternd wie seine Angst hing es da und brüllte, bis ihm der Schaum vor den Mund trat. Verzweifelt rollten die Augen den Raum entlang durch die Mauern hindurch, irgendwohin, ins Grenzenlose hinein.
Die freigebliebenen Beine stießen die Luft. Ein blinkendes Tier setzte sich schwer auf sein Gehirn, in dem eine vergehende, große Vision, ein Berg von einer Kuh, seiner Mutter, ein letztes Mal spazierenging. Aus seinem Maul, dem Maul eines kleinen, unreifen Kälbchens, kam ein enormer, ergreifender Schrei. Ein Schrei von fünfzig Kälbern zusammen, die man um viele Wiesen von grünem Glücksklee bestohlen hatte.
»Noch ein Schlag«, rief der Fleischer dem Gesellen zu, »das macht ja einen Lärm für zehn.«
Nun schnappte Kälbchen kaum mehr nach dieser Welt herüber, mit der es nur noch durch einige trübe Erinnerungen und einen Strick verbunden war.
Schnell wurde das zweite Bein hinaufgezogen, und aus dem hängenden Kopf sprudelte das Blut zu allen Seiten wie aus einem Springbrunnen in den Trog hinein.
Wer hätte je gedacht, daß so viel Blut in einem Kalb enthalten sein könnte, so viel rote Kraft, sich zu freuen!
Seine Freuden, die es auf der Erde nicht erreicht hatte, warteten schon woanders auf Kälbchen. Es streckte plötzlich der Welt die Zunge heraus, so daß die Zunge an dem schlenkern-

den toten Kopf auf der Erde hin und her schleifte. Es sah aus, als habe sie Durst und suche nach einer Quelle am Boden. Die gütigen Augen sahen jetzt starr und etwas irrsinnig dem vernünftigen Treiben der Menschen zu. Die hatten in den Wanst ein Loch gebohrt und mit einer Maschine immer mehr und mehr Luft in den Bauch des Kälbchens hineingepumpt, so daß es bald wie ein kleiner Auerochs von den Haken des Schlachtraums herunterdrohte. Ein steifes, mit Gras ausgestopftes Untier ohne Kopf, denn der lag längst abgeschnitten, aber noch mit Angst und Schmerz gefüllt und an den Muskeln vibrierend, auf einem Brett.

Und während der biedere Fleischer die Haut mit geübtem Griff von dem heißen Rumpf trennte, damit übermorgen die Menschen in soliden Boxcalf-Schuhen durch das Leben spazieren können, sah Kälbchens Seele, die langsam über die Wiesen des Paradieses glitt, den Menschen mitleidig bei der Bearbeitung seines Körpers zu.

Der Selbstmord eines Hundes

Argos wartete. Sein Fell war elektrisch geladen, als erwarte es das Streicheln einer Menschenhand. Seine goldenen Augen warteten auf das Bild seines Herrn. Die Ohren warteten auf seinen Schritt. Der Schwanz auf den Augenblick, da er zur Freude den Takt schlagen konnte. Die Gummisohlen seiner Pfoten warteten auf den Lauf neben dem Herrn. Die Nase wartete auf seinen Geruch, das Maul auf einen Grund, um bellen zu dürfen.

Je nachdem, wie die Meute der Winde vorüberjagte, erzitterten Argos' Nasenlöcher. Immer wieder stellte sich der Hund auf die Hinterpfoten und schnupperte erregt hinaus. Es roch verführerisch nach Knochen in Abfalleimern. In Argos' Phantasie waren diese Knochen so groß wie Baumstämme. Es roch nach echtem und eingebildetem Wild, nach totem Fleisch in Schlachterläden, nach berauschendem Urin von wahlverwandten Hunden und den Spuren niedriger Katzen, nach dem staubigen, granitfarbenen Puder der Landstraße, mit dem sich Argos so gern die Füße puderte, nach lehmiger Erde, in die man sich so tief hineinwühlen konnte, daß sie einen Abguß des Körpers nahm. In seinem Durst nach Freiheit meinte der Hund sogar das geruchlose Wasser des Flusses zu riechen, seine kleinen Fische zu wittern und den fauligen Dampf gewisser Pfützen, seiner Fußbadewannen. Es duftete nach Schweiß der von der Sonne tagsüber erhitzten Landstraße und schon nach dem magnetischen Strahl des Mondes. Argos konnte sich nicht satt riechen.

Einmal bellte er pflichtbewußt auf. Ein schlechtgewaschener

Mensch ging vorüber. Argos' Nase stellte fest, daß er einen verschwitzten, dreckbespritzten Mantel trug.

»Arr-gos!«

Vor dem ratternden »R« kroch der Hund scheu in seine Ecke zurück, rollte sich und seine Geduld wieder in ein anspruchsloses, freilich nicht allzu kleines Paket zusammen. Denn er war ein großer Hund. Eine Art Jagdhund. Um ihn hervorzubringen, hatten sich mehrere Generationen hindurch Neufundländer mit Stacheldraht- oder langhaarigen Vorstehhunden gekreuzt. Seine Großmutter, ein rachitischer Dackel, gab sich mit der Vorliebe kleiner Hündinnen für starke, männliche Bewerber einem säbelbeinigen Hühnerhund hin. Kein Wunder, daß sie ihren Bastardkindern eine tüchtige Deformation der Knochen vererbt hatte. Der rotbraune Argos hatte krumme Vorderläufe und auswärtsgedrehte Ellenbogen. Sein Fell ondulierte nicht, wie es seiner Rasse entsprach, sondern kräuselte sich. Es war struppig am Körper und hing wie Ziegenhaar von den Beinen herunter. Die Brust schmückte ein zottiges Jabot, und der zur Seite gelegte Schwanz filzte. Einzig der Kopf war von seidig weichem Haar bedeckt. Bei der Ausarbeitung des Kopfes schien alles nachgeholt worden zu sein, was die Natur an dem Körper versäumt hatte. Denn über der Schnauze aus schwarzem Moiré leuchteten zwei große insbrünstige Augen, feurig und demütig zugleich. Zwei braune Topase, Juwelen gleich, die manchmal ein sehr edler Mensch in den Fassungen seiner Augenhöhlen eingesetzt trägt.

Seine Augen und sein Name, den er mit dem mythologischen Jagdhund des Odysseus gemeinsam hatte, waren sein einziger Luxus. Wer mochte ihm wohl diesen Namen geschenkt haben?

Argos stellte sich zum fünfzigstenmal mit den Vorderpfoten gegen die feuchte Bretterwand auf. Lange freilich hielt er es nicht aus. Er rutschte unaufhörlich ab. Ein unerbittliches Gesetz zog ihn zum Boden zurück: die Schwerkraft der Erde. Heute war Sonntag. Argos wußte genau, was Sonntag kennzeichnet. Er roch anders als die Arbeitstage voll Geschäftigkeit und Wagenlärm. Er war mit feineren Gerüchen parfümiert. Die Landstraße vibrierte nicht vom Rasen der Lastautos wie am langen Montag, dem noch längeren Dienstag, dem endlosen Mittwoch, dem unfreundlichen Donnerstag, der im mageren Freitag endete, voll üblem Fischgeruch, dem Samstag, an dem sein Herr und viele andere ihre Langeweile an einer Angel in den Kanal warfen, wobei er stundenlang unbeweglich neben dem Amateurfischer zu sitzen hatte. Beflissen und geduldig beobachtete Argos die veränderte Lage der Schatten, aus deren Haltung er erriet, wann sich der Abend nähert, der in den Sonntag hinüberführt. Am Sonntag warf man ihm einen Bissen Freiheit zu. Einen ganz kleinen Happen freilich. Am Sonntag abend holte ihn der Herr zum Spaziergang ab.

Der Mond hing wie eine kalte weiße Chrysantheme am Himmel, als sich die Tür der ärmlichen Laube öffnete. Der Herr warf einen schmalen Schatten voraus. Daß eine so derbe vierschrötige Gestalt einen so eleganten Schatten werfen konnte! Was noch der gröbste Mensch für einen graziösen Begleiter hat! Argos versuchte mit der Zunge den schwarzen Trabanten seines Herrn, der sich am Zaun in zwei Teile brach und dessen obere Hälfte zu ihm hinaufreichte, zu lecken. Er dehnte die Zunge, als wäre sie aus rotem Gummi, um ein Stückchen von dem kostbaren Schwarz zu erhaschen, aber die Zunge reichte nicht ganz. Als der Herr den Schuppen betrat, entblößte der Hund lachend alle seine Zähne bis an das mit rosa Lack bestrichene Zahnfleisch. Es wurde ihm ein Stachelhalsband angelegt. Gerne hätte er sich jeden Tag das Torturinstrument anlegen lassen. Wenigstens beschäftigte sich dann die menschliche Hand mit ihm. Gab es etwas Schöneres als die Berührung dieser warmen, harten, grausamen Finger? Wie oft hatte er von ihnen geträumt: Seinem Herrn wuchsen plötzlich wie einer indischen Gottheit zehn Hände. Sie schlugen ihn. Er aber leckte eine nach der andern. Dazwischen tauchte, während er schlief, eine beglückende Vision auf, eine süße Hand, die ihn leise und zärtlich streichelte. Eine winzige Hand, die fünf Puppenfinger eines kleinen Mädchens. Und sooft er von diesem samtweichen, zärtlichen Ding träumte, das ihn einst, als er noch ein Kind war, geliebkost hatte, wurde ihm immer kläglich zumut. Mitten im Schlaf begann es tief innen in seinem Körper zu seufzen, und er erwachte und hätte gern geweint wie ein Menschenjunges.

Die Hand seines Herrn, die echte, schmerzte plötzlich sehr. Sie zog heftig an der Leine, und das Stachelhalsband tat seine Wirkung. Argos sollte »bei Fuß« gehen lernen. Beinahe hätte der Hund das stechende Halsband vergessen. Er war einen Augenblick stehengeblieben, von der Ausdünstung einer Hündin berauscht.

»Arrr-gos!« knurrte der Herr und erinnerte den Hund daran, daß es in seiner Welt nichts Wichtigeres gab als dieses rollende »R«. Nachdem sie eine Viertelstunde marschiert waren, langweilte den Herrn die Artigkeit des Hundes. Er machte ihn los und sah ihn mit einem eigentümlichen, schiefen Blick an. Phosphorn, unheimlich und unverständlich wie der Blick einer Katze. Der Hund, der immer nur ehrlich und gerade in Menschenaugen sah, stutzte eine Sekunde lang.

»Lauf!« sagte der Herr. Der Hund sauste davon, kehrte zurück, zog eine Schleife um den Herrn, sprang in die Luft hinauf wie ein Tänzer, rannte wieder davon und setzte, von Freude leicht gemacht, über mannshohe Mauern hinweg. Aber jedem Lauf folgten die Rückkehr und der Bogen um den Herrn, als wolle er diesen in seinen Jubel einbeziehen. So hatte er binnen zehn Minuten mehrere Kilometer durchlaufen, vor- und zurückstürmend, Spiralen, Ellipsen und Serpentinen ziehend. Und dann blieb er natürlich die Minute zu lang weg, auf die der Herr längst gelauert hatte. Ein Pfiff gellte auf. Scharf und metallen, als käme er nicht aus einem Menschenmund. Argos, ganz benommen von den Spuren gewisser Drüsen, die einen ihn berückenden Moschusduft zurückgelassen hatten, zögerte. Ein zweiter Pfiff, noch spitzer als der erste. Aber Argos betete noch immer andächtig zu dem Meilenstein hinauf wie zu einem mit Weihwasser besprengten Altar. Erst ein dritter Pfiff verwandelte den Hund in einen langgestreckten Pfeil, den die Angst gegen den Herrn abschoß. Der stand im Schein einer Laterne und warf einen doppelt so großen Schatten wie sonst vor sich her. Wenigstens erschien es dem Hund so. Auch die Peitsche in seiner Hand war schwärzer und ungeheurer als sonst. Argos hielt mitten im Lauf inne. Furchtsam warf er sich dem Schatten zu Füßen.

»Hierher!« Argos drückte sich zitternd in das Schwarz, das zu seinem Herrn gehörte, und flehte stumm um Milde.

»Hierher!« Argos versucht der Hand des Schattens seine Tatze zu geben. Bittend streckt er ein Endchen seiner Zunge heraus. Als ob so ein Stückchen rotes Fleisch auf seinen Herrn Eindruck machen würde!

»Hierher, sag' ich!«

Der Hund schiebt sich vorwärts. Aber noch immer liegt ein Stück Schatten zwischen ihm und dem Herrn. Ein weiter Weg bis zu den allmächtigen Schuhen. Denn es hilft alles nichts, Argos weiß, daß er sich nicht nur bis an die Stiefel des Schattens, sondern auch bis an die Stiefel des Herrn, bis unter die Peitsche, schleppen muß.

Und dann fallen die ersten Hiebe. Die primitive Grausamkeit des Mannes teilt sich dem Arm, der Hand, der Peitsche mit. Die schrillen Schmerzensschreie des Hundes stimulieren seine

Bestialität. Es dauert lange, bis die Hand befriedigt ist. »So«, sagt der Herr mit satter Stimme, und der Sonntagsspaziergang wird fortgesetzt. Argos geht jetzt auch ohne Leine »bei Fuß«. Sein Fell ist an einigen Stellen zerrissen und blutbefleckt. Aber die äußeren Striemen brennen weniger als die inneren. Er schämt sich. Fühlt sich erniedrigt, in seinem tierischen Stolz verletzt. Eng an die Absätze seines Herrn gedrückt, schleicht er dahin. So eng, daß er aufpassen muß, um von den Schuhen beim Auswechseln keinen Tritt zu bekommen. Er sieht nichts als zwei Füße vor sich, hört nichts als ihren Schritt, riecht nichts als den Fusel, der den Sohlen entströmt. Einige Minuten darauf schreit ein Nachtvogel. Obwohl er die Ohren nicht gespitzt hat, sickert der Schrei in sein Gehirn. Eine Maus pfeift über den Weg; er muß sie sehen, ob er will oder nicht. Eine Kröte flötet im Moos ihren zarten Liebeslockruf. Und riecht es plötzlich nicht gar nach Wild? Seine Phantasie zaubert ihm die abenteuerlichsten Tiere vor. Alles was man aufpirschen, hetzen oder stellen kann, läuft vor ihm her. Gott hat, da er ihn zum Jagdhund bestimmte, alle seine Adern mit der roten Leidenschaft des Jägers gefüllt. In seinem Blut schimmern Erinnerungen an die Jagden rassereiner Ahnen. Es fiebert ihm Hasenfährten vor. Nur einem Bastard kann es passieren, zwischen Bauplätzen, Schuttabladestellen, Gehölz und Spekulationshütten eines Pariser Vororts Wild zu wittern. Aber was kann ein Bastard anderes tun, wenn er Hase mit Kaninchen verwechselt, als seinem Irrtum nachzusetzen?

Argos ist schon drüben auf der Wiese, das köstliche Wesen aufzuspüren, das man mit Hase bezeichnet, als der erste Pfiff ertönt. Hase, zuckt sein Herz, Hase. Ein zweiter Pfiff. Hase, Herr, Hase. Aber beim dritten, vierten und fünften Pfiff denkt er nur noch: Herr. Denkt an die Reitpeitsche, die noch von seinem Blut warm sein muß. Regungslos horcht er auf die

Pfiffe. Er sieht die Peitschenschnur über sich und taucht vor dem zu erwartenden Schmerz schnell ins Gras hinunter. Wie kommt es, daß sie nicht weh tut? Der zweite Schlag läßt endlos lange auf sich warten. Furchtsam schielt er in die Höhe. Nichts. Einmal glaubt er den gefürchteten und doch geliebten Schritt auf sich zukommen zu hören. Aber die Angst treibt ihn ins sichere Gehölz. Er horcht, gespannt wie ein Bogen. Alle seine Nerven horchen. Beim nächsten Pfiff wird er zurückfliegen. Aber der nächste Pfiff bleibt aus. Schritte entfernen sich, und schließlich setzt das Kratzen der Stiefel gegen die Steine der Landstraße, eine wahre Musik für seine Ohren, völlig aus. Argos ist ohne Herr. Allein mit der qualvollen Freiheit. Er hat ganz vergessen, daß es Hasen gibt. Im Gehölz knackt es. Der Wind geht spazieren. Er hört sich plötzlich anders an als zu Hause in der Hütte. Irgendwo bellt ein Kettenhund. Wie ihn Argos um seinen eisernen Strick, um seine Gefangenschaft beneidet! Es wird dunkel im Unterholz. Nur einige Stellen sind mondgefleckt. Die Erde gleicht dem abgeschabten Leopardenfell, das die Wand seines Herrn schmückt. Die sonst so freundlichen Bäume nehmen drohende Haltungen an. Werfen hierhin und dorthin Schatten wie Knüppel, wie Stöcke, wie Peitschen. Der Hund duckt sich und äugt in die Höhe. Der ganze Wald hängt bald voller Ruten, und alle zielen nach ihm, nach Argos. Er läuft aus dem Gehölz und sieht gequält in die Höhe. Nichts hängt über ihm als ein funkelnder Stern, Sirius, der bellende Hund, wie ihn die Ägypter getauft haben. Der Mond leuchtet, derselbe Mond, der einst seinen Vorfahren, Wolf und Schakal, in der Steppe geleuchtet und ihr Geheul herausforderte. Ein Urgefühl erwacht in Argos. Er setzt sich auf sein Hinterteil, starrt in das große schwefelgelbe Katzenauge, erträgt es nicht und beginnt laut und gereizt aufzuheulen. Er heult über den Mond, der ihm kalt über den Rücken streicht, über seinen

verlorenen Posten. Sind seine Augen nicht dazu da, seinen Herrn zu bewachen, seine Ohren, die Geräusche um die Hütte aufzunehmen, sein Bellen, sie zu melden? Die Vision der Hütte taucht auf. Umgekehrt, schief und verzehnfacht. Mit einem Satz läuft er hinter der Vision her. Lang, durstig hängt ihm die Zunge rechts zum Maul heraus, so schnell rennt er zurück. Gierig saugt er die geliebten Schweißspuren in der Nähe der Hütte ein. Die Türen sind verschlossen. Verrammelt mit Brettern der Eingang zu seinem Schuppen. Er legt sich vor den Stacheldraht, der das kärgliche Eigentum seines Herrn umgibt, horcht pflichtbewußt nach den vier Himmelsrichtungen. Zerberus, der genialste aller Wachhunde, hatte nur drei Köpfe. Argos hat in diesem Augenblick vier vor Pflichttreue. Und dann kann er nicht anders. Längst hat er die Demütigung vergessen. Er scharrt mit der Pfote an den Latten. Abbittend und kindlich zugleich hebt er abwechselnd den linken und den rechten Fuß. Er will wieder Hund sein, Eigentum, sich hingeben, dienen. Er schluchzt. Erst leise, dann lauter und immer lauter. Das Geheul weckt den Herrn. Da steht er in der Tür, feindlich und roh. Die Peitsche in einer Hand, in der andern einen seiner Pantoffeln. Von Schlaf und Wut besessen wirft er ihn nach dem Hund und tappt zur Gittertür. Argos kriecht furchtsam zurück, kauert sich nieder und macht ein ergebenes Bündel aus sich.
»Hierher, Argos! – Na warte!«
Als er sich auf das sklavisch zusammengerollte Tier stürzen will, springt es auf und rennt davon. Unsicher in seiner Sicherheit bleibt Argos stehen, horcht zurück. Aber diesmal gibt es kein Zurück mehr. Nach ein paar Sprüngen bleibt er wieder stehen und zieht den Schwanz ein. Trottet, erst zögernd, dann rascher, um der Nacht so schnell wie möglich zu entkommen. Ja, er bildet sich ein, je schneller er laufe, desto mehr Nacht lasse er hinter sich zurück. Mit seinem gehetzten

Lauf erschreckt er die Wiesel, die Raben, den Ginster und die schlaflosen Fische im Bach. Eifersüchtig auf ihre Zugehörigkeit zu einem Heim, horcht er auf das Bellen der Hunde in den Villen der Reichen. Ein Paria, der jede Zugehörigkeit verloren hat, rennt er dahin, und die dornige Nacht zerreißt ihm das Fell mit den Brombeerstauden der Böschungen. Mit rostigen Nägeln, zackigen Wurzeln, spitzen Kieseln zerschneidet sie ihm die Ballen der Pfoten. Spritzt ihm aus Pfützen Dreck und Kot in die sanften braunen Augen.
Von Zeit zu Zeit setzt er sich auf sein Hinterteil und klagt langgezogen wie ein verlorenes Kind. Wenn er auf die Fährte eines Menschen stößt, klopft sein Herz schneller. Verliebt zieht er die Spur ein. Wie gerne würde er ihr folgen. Aber instinktiv ahnt er, daß ein herrenloser Hund sich verstecken muß. Er, der Landstreicher, hat vom Menschen eher Feindschaft als Freundschaft zu erwarten. Er erinnert sich der Armen, die sein Herr von der Türe jagte. Und sie bettelten doch nur um Brot. Wie würde man gar einen Bettler um Liebe scheuchen! Einmal hat er die Vorortjungen einen tollen Hund steinigen sehen. So würde auch er gesteinigt werden wie ein räudiger Köter. Nur Schönheit hat Anspruch auf Liebe. Ihn aber, in seinem häßlichen, verklebten, billigen Fell, mit den von Angst geweiteten Augen wird man für einen gefährlichen, irrsinnigen Hund halten.
Wie er sich nach Fußtritten, nach Prügeln sehnt! Nach einem noch so qualvollen Schicksal, wenn es ihm nur von zwei Menschenhänden bereitet werden würde! Und doch ist er zu feige, unter die Peitsche zurückzukehren. Vielleicht, vielleicht nimmt ihn jemand mit sich? Armer Argos! Man bückt sich wohl um ein verlorenes Schmuckstück, aber nicht um zwei braune Topase im Kopf eines Hundes. Von einem Menschen gefunden werden! Etwas hoffnungsfroher läuft er dem Morgen entgegen. Einen Menschen finden! Es drängt ihn zu ihren

Wohnungen. Paris mit seinen Millionen von Gerüchen und Vieltausenden von eingeschlossenen Hündinnen zieht ihn unwiderstehlich an. Schon ist er auf der großen Aorta, die den Blutkreislauf der Stadt regelt. Riesige Lastwagen, Autos und Fahrzeuge aller Art fahren Lebensmittel in die Markthallen. In eine Wolke von Staub gehüllt, läuft Argos abwechselnd hinter dem einen oder dem andern her. Er ist glücklich, bildet sich ein, zu einem der Wagen zu gehören. Schließlich macht die Natur ihre Rechte geltend, und Argos muß sich mit einem Meilenstein auseinandersetzen. Inzwischen sind die Wagen verschwunden. Es ist taghell. Ein Radler fährt dicht an ihm auf der schwarzasphaltierten Straße vorbei. Argos hetzt ihm bellend nach. Will er ihm sagen, daß er Argos ist und einen Herrn sucht? Der Radler versteht ihn nicht. Er schreit ärgerlich einem heranfahrenden Auto etwas zu. Das Auto hält, und plötzlich liegt Argos gefangen in einem eisernen Lasso. In dem schwarzen Wagen, der für die meisten Hunde zum Totenwagen wird, fährt er dem Pariser Hundezwinger zu.

Schon sitzt er gefangen hinter Eisenstäben. Rings um ihn hundert Schreie. In hundert Käfigen zweihundert traurige Augen. Da sind Hunde, die vom Besitzer, um die Pension zu sparen, treulos ausgesetzt wurden. Zweitausend Pariser, die in die Sommerfrische fahren, »verlieren« im Juli und August auf den Auto- oder Landstraßen ihre Hunde.

Verirrte Hunde, der Tollwut verdächtige, mit einem Reif aus weißem Schaum um den Mund, Hunde, die um einer läufigen Hündin willen einige Stunden lang ausrissen, alte, schon ein wenig erblindete Hunde weinen ohnmächtig vor sich hin. Sie können es nicht fassen, verstoßen zu sein. Niemals würden sie glauben, daß sie der eigene Herr dem Schinder überliefert hat, weil sie den Fehler haben, nicht mehr jung zu sein. Noch heute vielleicht werden sie in achtzehn Sekunden mit Gas vergiftet werden, und ihre fünfzehnjährige Treue mitsamt

dem Fell wird der Häutehändler für fünfzig Centimes kaufen und zu den andern Kadavern auf seinen Karren werfen.
Alle haben ihren Namen, ihren Herrn, ihre Heimat verloren. Den Tod im Herzen, sitzen sie da und warten auf den Tod. Wenn sie am achten Tag nicht geholt worden sind, müssen sie sterben. Jede Tür, jeder Schritt, jeder Laut verwandelt sich in Hoffnung. Der Herr? Er sucht sie, er holt sie ab! Ach, nur einer unter hundert wird reklamiert. Wie er außer sich ist! Wie er an seinem Herrn hinaufspringt! Wie er sein Glück hinausschluchzt! Kein Mensch könnte seine Freude so maßlos ausdrücken! Die andern sehen zu. Beneiden ihn um den Herrn. Und erinnern sich. Der Stimme, die sie rief. Mit einem Namen rief. Erinnern sich des Schlafes neben den geliebten Füßen. Die kostbaren Schritte. Sie haben sie noch im Ohr. Aus unzähligen Schritten würden sie den einzigen auf der Straße heraushören. Die Straße fällt ihnen ein. Gerüche, Spuren, Eckmauern. Herr, jammern sie. Und in ihren irren Augen lebt lange noch, nachdem er schon verschwunden, das Bild des abgeholten Hundes.
Argos gehört zu den völlig Verzweifelten. Stumm sitzt er seit Tagen auf den paar Strohhalmen in der Ecke seines Käfigs. Er trauert um die verlorene Peitsche, um die schwere Eisenkette, um das Stachelhalsband und die harte Stimme seines Herrn. Wozu noch leben, da er niemanden findet, dem er sich geben kann? Er rührt das Futter nicht an. Kaum daß er aus der Zinkschüssel trinkt. Es riecht nach hundert Urinen, aber der einst für ihn so wollüstige Geruch läßt ihn jetzt völlig gleichgültig. Seine Goldaugen folgen unaufhörlich dem Wärter. Auch er wartet. Auf eine Hand, eine warme Menschenhand. Er bettelt den Wärter mit den Augen um eine Liebkosung oder um einen Schlag. Nur beschäftigen soll er sich mit ihm. Sich lieben lassen. Der Wärter hat viel zu tun. Mechanisch pflegt er die Körper der Hunde. Für ihre Seelen hat er keine

Zeit. Da magert Argos ab. Nach einigen Tagen ist er so eingefallen in den Schultern und Hüften, daß er am Hundemarkttag, an dem einmal wöchentlich die eingefangene Hundeware feilgeboten wird, keinen Käufer findet. Nicht einmal für zwei Franken will man die goldenen Augen und Argos' Herz kaufen. Am neunten Tag, kurz vor seiner bevorstehenden Hinrichtung, rettet ihn eine mitleidige Frau und übergibt ihn einem Hundeheim des Tierschutzvereins. Dort fressen alternde, kranke, mit Aussatz behaftete Hunde das Gnadenbrot. Argos wird diesem Abfall beigesellt. Seine neuen Kameraden haben den Star auf dem rechten oder linken Auge, hinken oder husten. Sie wedeln Argos wohlwollend zu, beriechen und lecken ihn freundschaftlich. Aber störrisch lehnt dieser jede Annäherung ab. Er sucht nur des Menschen Freundschaft. Er sehnt sich nach einer Hand. Unter die Hand will er kommen. Ihre Vibration, ihr elektrischer Strom allein kann ihn noch heilen.

Sooft die Frau, die die Tiere betreut, die Tür des großen Käfigs zur Fütterung öffnet, nähert er sich ihr. Er schmiegt sich an sie, hüllt sich in ihren Geruch, läuft ihr nach, bietet sich ihr an. Aber sie hat keine Zeit. Sie teilt Reis aus, Wasser, Hundekuchen und Fleisch, nur keine Liebe. Argos aber will kein Gnadenbrot. Teilnahmslos sieht er den fressenden Hunden zu. Er verachtet sie ob ihrer Gier. Für ihn gibt es nur eins: sich verschenken. Aber da ihn niemand will, fängt er zu sterben an. Zu Tode betrübt liegt er in seiner Ecke und schwindet dahin. Er fiebert, sieht nichts, hört nichts. Er träumt von Liebe. Zum Skelett abgemagert, wird er auf warmes Stroh in einen besonderen Verschlag gebracht, den Sterberaum der Hunde. Mit matten, glänzenden Augen stiert er vor sich hin. Ja, er träumt. Eine kleine weiche Hand streichelt ihm den Kopf. Fünf Seidenfingerchen, die ihn einmal als Hundejunges liebkost haben. Solang er Hund ist, wird er diese Kinderhand lie-

ben. Es geht eine solche Wärme von ihr aus, daß er aufhört zu frösteln. Er lebt auf, versucht, in die Höhe zu springen. Kraftlos sinkt er auf das Stroh zurück. Er hat nur geträumt.
Als der Veterinär zu Argos geführt wird, spricht ihm die Frau freundlich zu und hält ihm ein Biskuit hin. Um der guten Worte willen bezwingt sich der Hund und versucht es ins Maul zu nehmen. Aber schon zu schwach, läßt er den Brokken wieder fallen. Der Tierarzt zuckt die Achseln: »Wieder ein armer Hund, der sich zu Tode hungert, der Selbstmord begeht.«
Argos sieht ihn an. Er sieht ihn so menschlich an, als habe er am Tonfall alles verstanden. Der Arzt bückt sich gerührt, um den Hund zu streicheln. Da streckt Argos die Zunge heraus und leckt mit letzter Kraft seinen Götzen, die Menschenhand. Dann fällt er in sich zusammen.
Starb nicht auch der zwanzigjährige Argos des Odysseus, nachdem sich sein letzter Blick am endlich heimkehrenden Herrn gelabt hatte?
Von was Argos träumen mag? Streichelt ihn schon die Hand Gottes? Vielleicht wird er sein Lieblingshund werden droben im Tierkreis der Sterne, weil er hier unten so viel gelitten hat? Einmal zuckt er im Todeskampf zusammen wie ein Leben lang unter den Prügeln, der einzigen Berührung, die ihm die menschliche Hand zuteil werden ließ. Er gibt keinen Laut von sich. Er will die Menschen nicht anklagen. Eine ganze Nacht ist er mit seinem Tod allein. Leise stirbt er in den Morgen hinüber.
Als die Frau den Raum betritt, sieht sie Argos mit Augen aus kaltem Gold an.

Die Taubenwitwe

Wie weiß sie ist, die Frau des Taubers! Weiß wie die Myrte, weiß wie Meerschaum, weiß wie Schnee. Reiner muß sie sein als Myrte, leichter als Meerschaum, kühler als Schnee, und doch ist sie so heiß. Sind so viel glühende Küsse in ihrem Schnabel enthalten. Ihre schwarzen Augen scheinen aus einem Stückchen Angst gemacht zu sein. Zwei rote Korallen sind ihre Füße. Eine Dolde aus weißen Blüten ist sie jetzt, die Federn stehen ab wie Blumenblättchen, der Kopf ist verschwunden. Schläft sie? O nein, schon in der nächsten Minute fährt der Kopf aus der Kugel heraus und äugt nach unzähligen Himmelsrichtungen. An dem feinen Stengel des Halses tanzt das Köpfchen den Tanz der Sehnsucht. Denn Taube wartet auf Täuberich. Sie öffnet den Schnabel und schnappt nach dem vielen Blau dort oben und schluckt ein Stückchen rosa Morgenwolke hinunter. Sie breitet den rechten Flügel aus wie einen mit weißer Seide gefütterten Wandschirm, hinter dem sie Verstecken spielen will. Darauf schiebt sie den Wandschirm wieder zusammen. Trippelnd trägt sie ihre Unruhe von links nach rechts und von rechts nach links. Wie wäre es, wenn sie den Schwanz aufstellte? Sie lehnt das Köpfchen hinein wie in einen großen Fächer. Ihr Uronkel, der Schwan der Leda, konnte nicht verführerischer in seinem Gefieder ruhn. In der nächsten Minute klappt sie den Fächer zu und fängt wieder zu tanzen an. Ab und zu fliegt ein Federchen, ein gefiedertes Nelkenblatt, ins Parkett hinunter, das aus lauter unhörbar applaudierenden Engeln besteht. Angetan mit dem goldenen Geschmeide der Sonne, wiegt sie sich in den Hüften. Und dann fällt es ihr ein: Fliegen! Dem Tauber nach. Sie zieht den Korallenschmuck an sich, preßt den Leib graziös gegen die Luft, eine weiße Fahne flattert im Wind. Droben, auf dem Dach, auf dem Tauber gewöhnlich zu träumen pflegt, ist nicht einmal ein Fläumchen wie eine weiße Visitenkarte zurückgeblieben. Taube fliegt weiter. Sie könnte die ganze Stadt durchqueren und würde doch zum Nest zurückfinden. Es geht ihr wie ihren Kusinen mütterlicherseits, den Brieftauben. Man schleudert sie aus dem Ballon in einen unbekannten Himmel hinaus, und unbeirrbar wenden sie sich nach ihrer Heimat zurück. Welcher sechste Sinn läßt sie erraten, wo der mit Liebe und weißen Abenteuern gefüllte Taubenschlag steht?

Auch an dem zwei Kilometer entfernten Brunnen, seiner Sommerfrische, ist Tauber nicht. Täubchen fliegt zum Nest zurück. In seinem Ballettfederröckchen steht es lange auf einem Bein. Da! Ein köstliches Rauschen erfüllt die Luft. So rauscht nur Einer, ein Einziger auf dieser Welt: Täuberich. Er ist nicht so vollendet weiß wie die Taube. Seine Flügel sind schwarz gefleckt, als habe ein mutwilliger Gott beim Dichten den Federhalter über ihn ausgespritzt. Aber was macht das? Täubchen findet ihn hinreißend schön. Schöner als die Rosenstöcke unten im Garten, sanfter als den streichelnden Regen, männlicher als den Halbgott, der täglich zweimal die goldenen Maiskörner streut.

Taubers Hals bläht sich wie der Blasebalg einer Orgel. Er flötet auch wie eine Orgel, singt in Moll und Dur, lacht und weint, girrt, säuselt, rauscht und klagt. Er wird größer und größer, wächst und schwillt an zur Übertaube. Das sind die Liebe, der Gurretanz, die ihn so riesig machen. Auf den roten Palmblättern seiner Füße gleitet er, an die Luft gelehnt, vorwärts und rückwärts. Vom Südwind der Leidenschaft hin und her gewirbelt, tanzt er den Charleston der Tauben.

Scheu sieht ihn die Taube an, zuerst mit dem rechten Auge, dann dreht sie das Köpfchen und läßt das aufregende Bild ins linke Auge fallen. Tauber! Die Sonne perlt wie goldener Schweiß von seinem Rücken herunter. Die Sonne wirkt wie Champagner auf ihn. Seine Augen glühen, die Augen eines Betrunkenen. Wie sollte er nicht betrunken sein von dem roten Blut der weißen Taube neben sich? Jetzt stürzt er sich auf sie, stößt seinen Schnabel in ihren schüchtern geöffneten Schnabel. Seine ganze juliheiße Wildheit gießt er in sie hinein. Er schüttet Süßigkeit in die weiße Bonbonniere. Es ist so, als äßen sie Küsse, als schluckten sie Küsse, als würgten sie Küsse.
Täubchen duckt sich wie ein Blatt aus Federn an den Boden. So flach hat es die Hingabe gemacht. Tauber besteigt es. Er flattert mit den Flügeln, um das Gleichgewicht zu halten. Was für ein weißer Schneesturm, in dem das entzückte Segelschiff auf und nieder wogt! Vorbei.

Täubchen hat zwei niedliche Schmuckstücke ins Nest gelegt. »Duu«, hat Tauber jauchzend gelacht und ihr zum Dank einige Blätter geholt. Sieht er nicht zusamt seinem Blatt im Schnabel ganz jener biblischen Taube ähnlich, die einst Noah die köstliche Friedensbotschaft zutrug? Da sitzen sie nebeneinander auf den Eiern, und Tauber erzählt ihr gurrend eine lange Geschichte.
Erzählt er ihr von den Verwandten, von den dreihundert Taubenarten auf der Erde, deren Kehlen alle von derselben Zärtlichkeit geschwellt sind? Wie würde Täubchen staunen, wenn es die indische Fruchttaube wie einen Ara in den Zweigen hängen sähe, mit dem Kopf nach unten. Und würde es glauben, daß die abessinische olivengrüne Papageientaube, die plötzlich aus Tamarinden oder Sykomoren ein hysterisches Hi-ha-hu ertönen läßt, trotzdem nichts anderes ist als

eine Taube? Wie würde es die Sturztaube bewundern, wenn sie akrobatische Loopings vollführt, um dem sie verfolgenden Raubvogel zu entgehen. Möchte Täubchen nicht auch gern immerzu zittern vor Liebe wie die Zittertaube? Turteln wie die Turteltaube, lachen wie die Lachtaube oder beinah eine Lerche sein wie die Zwergtaube? Weiß Taube wirklich nichts von der glänzenden Spiegeltaube, die in Ozeanien die Spiegel ersetzt? Nichts von jener mit der Bronze der Morgenröte bestrichenen Bronzeflügeltaube, oder der Buchstabentaube, auf deren weißem Gefieder es Gott gefallen hat, sich in schwarzen Lettern zu verewigen? Nichts von der Lilientaube, zu deren Herstellung eigens rosa Lilien erfunden wurden, oder der Königin aller Tauben, der Taube des Heiligen Geistes, ewig auf himmlischen Strahlen schwebend?

Nein, sie hat nie etwas von diesen exotischen Tauben gehört, denen es nicht genügt, weiß und einfach zu sein. Sie sitzt neben Tauber auf zwei ovalen Weltkugeln. Wie unwichtig und klein ist dagegen die runde Weltkugel der Menschen oder die Himmelskugel des Schöpfers!

Wie leise sich ein Wunder vollzieht! Das Wunder in den weißen Eiern. Wie lautlos sich Brüderchen und Schwesterchen beeilen, Vögel zu werden! Daß sich zwei schwarze Pünktchen hinter harten Schalen in so weiße, weiche Tauben verwandeln können!

Siebzehn Tage lang sitzt Täubchen auf ihren süßen Geheimnissen. Am achtzehnten Tag stößt ein ockergelber Schnabel ein Loch in die Welt. Gleich darauf folgt ihm der Tauberknabe nach, von der Vorsehung in goldene Watte gepackt. Täubchen, selbst noch ein Kind, hat ein Kind. Und einen Tag später hat es ein zweites. Ein Töchterchen, dieses Mal.

Eng aneinandergedrückt hocken Brüderchen und Schwesterchen da und warten auf das Wunderbare. Und das Wunderbare tritt ein. Unter allen Vögeln vermag allein die Taube ihre

Mutterliebe in Milch zu verwandeln. Und einige Tage später schütteln Vater und Mutter unaufhörlich, wie Taschenspieler, das Gold der Körner aus ihren Kröpfen in die Jungen hinein, damit sie sich nur schnell in ein Kunstwerk aus Federn verwandeln.

Die geatzten Jungen wachsen den ganzen Tag und die ganze Nacht hindurch. Man kann es nicht hören, wie sie wachsen, aber durch die zarte Haut des Magens sieht man wie in einem Schmuckkästchen die goldenen Maiskörner schimmern. Die Körner verwandeln sich in Kraft. Aus der Kraft werden kleine Hornstiele, an denen bald die ersten Blüten, die ersten Federn blühen werden.

Eng aneinandergedrückt sitzen Brüderchen und Schwesterchen da und warten auf das Wunderbare. Manchmal machen sie Musik auf den jungen Flöten in ihren Kehlen. Eine leise sanfte Klage, die Klage alles Kleinen darüber, so klein und unbeholfen zu sein. Sie möchten so gerne größer werden und sich wiegen vor der Unendlichkeit da draußen vor dem Nest. Denn zuweilen wagen sie sich schon an den Eingang des Taubenschlags und sehen hinaus in das Meer aus Luft, das sie bald tragen soll. Es wird ihnen noch ein wenig schwindlig vor so viel Raum, und schnell ziehen sie sich wieder zurück. Freilich, man gewöhnt sich auch an den Schwindel. Ab und zu öffnet man schon die Flügelstumpen und tut, als ob man flöge. Ach, noch ist es nicht soweit, und wieder muß man von vorn anfangen mit Warten.

Eng aneinandergedrückt sitzen Brüderchen und Schwesterchen vor dem Eingang des Taubenschlags, staunen hinaus und warten auf die Zukunft. Schwesterchen ist schwarz und weiß angezogen, ein kleines Mädchen in Halbtrauer. Sogar der Schnabel ist schwarz. Nur oberhalb des Schnabels hat es von der Mutter eine rosa Koralle geerbt. Aber die Augen sind golden um die schwarze Pupille herum. Ein Goldsucher würde reich werden, wenn er lange in Schwesterchens Augen sähe. Brüderchen ist ganz aus großen weißen Blättern angefertigt. Es riecht auch so zart wie eine Federrose. Für Schwesterchen gibt es kein schöneres Parfüm. Keine Tuberose riecht so köstlich wie Brüderchen. Brüderchen aber möchte immer die schwarzen Augen schließen und sich vorstellen, daß die ganze Welt einzig und allein aus Schwesterchen bestehe. Das torkelt wie ein Fetisch in einer Spielwarenhandlung im Nest hin und her, tritt an den Eingang und schaut hinaus. Von Zeit zu Zeit probiert es die unreifen Flügelchen und surrt damit wie mit einem Taschenventilator. Einige Tage später spannt es sie wieder aus, und ehe es noch etwas denken kann, ist es schon in einen kleinen Aeroplan verwandelt. Es fliegt.

Brüderchen weiß vor Schreck nicht, was es fühlen soll. Schwesterchen ist fort. Schwesterchen, ein Stück von ihm, ohne das es nicht wachsen, nicht schlafen, nicht träumen kann. »Schwesterchen«, versucht es zu flöten, und in seiner Verzweiflung öffnet es selbst die Flügel. Da trägt es schon der nächste Wind davon. Der Wind, es glaubt noch nicht an seine eigene Kraft. Der Wind trägt es neben Schwesterchen drüben aufs Dach. In seligem Erstaunen drückt es sich schmal an die geliebten Federn. Sie lächeln sich mit den glücklichen Augen an, sitzen in der Sonne, die sie bisher noch kaum gefühlt haben, und warten auf das Wunderbare.

Nach einigen Tagen sind sie fast ebenso gute Flieger wie Taube und Täuberich. Und schon erklärt Vater in seiner Sprache – mit scharfen Schnabelhieben – dem erschrockenen Jungen, daß er ihm das Nest nur zum Großwerden geliehen habe. An einem Abend, da es zu regnen beginnt und Brüderchen und Schwesterchen wie immer vor dem Einschlafen mit den Eltern spielen wollen, fährt Tauber in gesundem Egoismus auf seinen Jungen los und stößt ihn zum Nest hinaus.

Gleich darauf folgt ihm Schwesterchen nach, von der unbewußt eifersüchtigen Mutter verleugnet. Sie sind groß genug, um Waisen zu werden. Die Eltern wollen wieder frei sein, ein Liebespaar wie ehedem. Unzählige Male kehren die Kinder abwechselnd ins Nest zurück. Jedesmal werden sie wieder hinausgeworfen.

Geht die Vogelwelt unter? Sie verstehen nichts mehr. Wohin sollen sie denn flüchten vor der sinkenden Nacht, wenn nicht ins Nest, in dem es noch nach ihren ersten Kindertagen riecht? Denn sie fürchten sich vor den vielen unbekannten Gerüchen da draußen und vor der nassen Berührung des Regens. Bisher hat er sie nie anzurühren gewagt mit seinen kalten Silberzehen. Manchmal haben sie ihn vor dem Nest vorbeifliegen sehen, aber an sie kam er nicht heran. Trostlos drücken sie sich eng aneinander auf dem Ast der Akazie. Es fängt zu dunkeln an. Schon sehen sie nichts mehr. Stoßen sich bei einem letzten Versuch, das Nest zu finden. Mit spartanischem Gurren werden sie wieder verstoßen, hinausgeschleudert ins dichter werdende Schwarz. Verzweifelt sitzen sie da, ineinandergeduckt, und möchten so gerne weinen, wenn sie nur könnten. Weinen über die grausame Notwendigkeit, groß und selbständig zu werden. Unbarmherzig strömt der Regen auf die kleinen Vögel nieder, die mit großen schlaflosen Augen zum erstenmal die Nacht betrachten.

Und jeder Abend sieht dasselbe tragische Schauspiel. Die Eltern verjagen sie, die anderen Tauben fallen über sie her, zerzupfen und würgen sie, wenn sie ihren Schlaf in irgendeinem freien Vogelschlag bergen wollen. Immer wieder müssen sie draußen übernachten, geschmiegt an das große feindliche Schwarz. Immer wieder müssen sie aus zwei Tauben eine machen, um so klein wie möglich zu sein, um so wenig Platz wie möglich einzunehmen. Sie schlafen kaum aus Furcht. Sicher wiegen sie kein Pfund zusammen, aber zweihundert Gramm wiegt schon allein ihre Furcht. Sind doch Katzen und Raubvögel eigens dafür erfunden worden, damit die jungen Vögel die Angst kennenlernen. Aber die Katze kann ihren hohen Baum nicht erklettern, und vor Raubvögeln schützt sie die Stadt. Sie wissen nur, daß sie sich fürchten müssen. Der Instinkt sagt es ihnen, und darum machen sie sich schmal wie zwei Kommas. Wenn Schwesterchen fröstelt, leiht es von Brüderchen etwas Wärme, und wenn es regnet, spannt Schwesterchen einen seiner schwarzen Flügel wie einen Regenschirm über Brüderchen auf. Tagsüber füttern sie sich gegenseitig mit Küssen. Gibt es eine köstlichere Nahrung? Wenn Brüderchen satt ist, ist auch Schwesterchen satt. Wenn Brüderchen Durst hat, hat auch Schwesterchen Durst. Da schweben sie auf ihren Korallenzehen am Rand des Wassertrogs, nehmen einige Tröpfchen auf, beugen sich zurück, als gurgelten sie mit den weißen Perlen. Nun sitzen sie wieder wie zwei Blumen auf einem Ast, schielen gleichzeitig nach Osten, nach Westen, nach Süden und nach Norden. So schleudern sie ein Duett von glücklichen Blicken gegen die goldene fliegende Sonne, gegen den blauen gefiederten Himmel, gegen die taubenzarten Flügel des Windes. Worauf Brüderchen den Schnabel öffnet, um wieder mit Zärtlichkeiten geatzt zu werden. Es gibt keine Stelle mehr im Garten, die nicht gesehen hätte, wie sie sich geküßt haben. Den ganzen Morgen, den viel zu kurzen Nachmittag lang, und wenn der Abend kommt, sind sie immer noch nicht fertig mit Küssen. In aller Unschuld leben sie so von goldenen Maiskörnern, silbernem Wasser und reinen Zärtlichkeiten. Verstehen sie es doch noch nicht, sich richtig zu schnäbeln wie die Erwachsenen. Noch sind sie zu kurze Zeit von ihrer Kindheit entfernt. Haben sie schon vergessen, wo die lag? Dort in dem warmen Nest. Wer könnte sagen, ob sie sich noch erinnern? Eines Abends wartet Schwesterchen, bis sich alle Tauben schlafen gelegt haben.

Gleich darauf bezieht es mutig einen leeren Schlag. Aber da fährt auch schon eine Taube von nebenan hervor und zerrt es wieder heraus. So boshaft kann man gegen eine Mitschwester sein. Niemand will ihnen wohl, ihre innige Liebe zueinander hat alle Tauben gegen sie aufgebracht. Wieder sitzen sie heimatlos draußen, blinzeln zum Himmel hinauf und fürchten sich vor den vielen goldenen Augen dort oben, die sie kalt und feindlich befunkeln.
Am nächsten Abend kämpft Brüderchen um eine Wohnung im Schlag. Mit ebensowenig Erfolg. Und so geht es Abend für Abend, bis schließlich ein erbittertes Um-sich-Hacken Schwesterchens, das inzwischen gelernt hat, daß man einen Schnabelhieb mit einem Schnabelhieb beantwortet, die anderen Tauben davon überzeugt, daß ein leerer Taubenschlag dazu da ist, Tauben aufzunehmen.
Drei Tage darauf schnäbeln sie sich auf dem Dach jenes Schlages, in dem, unter faulendem Gras und welken Blättern, ihre Spielzeit begraben liegt. Lüstern fährt der Vater dazwischen. Sie fliegen fort. Aber jeden Tag üben sie sich nun ein wenig mehr in der Liebe. Brüderchen legt sich zuweilen vor Schwesterchen hin. Es weiß noch nicht, daß es umgekehrt sein muß. Sie küssen sich länger und heftiger, so heftig, bis sich ihm Schwesterchen zu Füßen wirft.
Kurze Zeit darauf ist aus dem Taubenmädchen eine Taube geworden. Siegreich gurrt Brüderchen, während sich Schwesterchen in tiefer Bewunderung vor ihn niederkniet. Neidisch auf den heiligen Inzest, sehen ihnen die anderen Paare zu. Eine so junge, glühende Leidenschaft ward im Taubenschlag noch nie erlebt. Schon sind sie über einen Monat verheiratet, und immer noch sind sie ein Leib und eine Seele. Wo Brüderchen hinfliegt, fliegt auch Schwesterchen hin. Wenn Brüderchen müde ist, ist es auch Schwesterchen. Wenn Schwesterchen aufwacht, erwacht auch Brüderchen. Sie wissen nicht,

daß es Einsamkeit gibt. Augenblicklich brüten sie beide. Schwesterchen hat zwei winzige, degenerierte Eier ins Nest gelegt. Eng aneinandergedrückt sitzen sie auf den Eiern und warten auf das Wunderbare. Manchmal fliegt Brüderchen aus, Halme suchen. Das sind ihre ersten Trennungen, von der Natur allen Vögeln auferzwungen. Aber Schwesterchen hat kaum Zeit sich zu sehnen, so schnell ist Brüderchen wieder zurück. Weiß Gott, was es heimbringt: Moos, Menschenhaar, Watte und Bindfaden. Ungeduldig wartet die kleine Taube auf seine Rückkehr. Unter hundert Geräuschen unterscheidet sie schon von weitem das schönste von allen. Ein Rauschen gewisser Flügel. Weißer Wind, je näher er kommt, desto zarter wird er. »Brüderchen«, sagt sie entzückt, während es sie mit seinen glänzenden, kostbaren Onyxaugen streichelt. Sie fallen ihm zu vor Seligkeit. Gegen ihre weiße Schulter gelehnt schläft es ein. Es träumt von weiß- und schwarzgefleckten Taubenmädchen, von Wolken aus Vogelflaum, von ungegurrten Liedern.
Am späten Nachmittag des nächsten Tages ist Brüderchen wieder ausgeflogen: Gräser holen. Eine halbe Stunde später ist es noch nicht zurück. Schwesterchen steht auf. Es vergeht wieder eine Viertelstunde und wieder eine. Und immer noch trägt die Luft nichts herzu. Immer noch ertönt nicht der Gesang der weißen Flügel. Unruhig fliegt die kleine Taube hin und her. In den Garten, auf das Dach, über das Dach hinweg auf das Nebenhaus. Dort wartet sie ein wenig. Sie will ihm Zeit lassen, zurückzukommen. Sie zwingt sich, noch ein wenig länger zu warten, um sich eine um so freudigere Überraschung zu bereiten. Aber die unsteten Flügel tragen sie früher zurück, als sie will. Brüderchen ist noch nicht da. Was tut denn so weh unter den Federn? Ist das die Sehnsucht? Sie fliegt hinaus auf die Straße. Wagen scheuchen sie. Sie glaubt, die Passanten würfen nach ihr ihre drohenden dunklen Schat-

ten. Als ob sich heute noch ein Mensch die Zeit nähme, eine Taube zu sehen! Hupen heulen böse nach ihr. Verängstigt eilt sie hierhin und dorthin und endlich wieder ins Nest zurück. Was ist mit dem weißen Bräutigam geschehen? Warum läßt er sie allein? Sie sind doch Mann und Frau. Sie sind doch Brüderchen und Schwesterchen.
Es ist Abend geworden, und Brüderchen ist noch nicht da. Gelähmt steht die kleine Taube vor ihrem Nest und wartet. Die Nacht kann doch nicht kommen, bevor Brüderchen heimgekehrt ist. Die Nacht, die harte, mit den goldenen zwinkernden Raubvogelaugen da droben. Aber die Nacht kommt, bringt Wind und Regen, nicht aber das weißeste aller Täubchen. Vielleicht liegt es zerfetzt irgendwo in einem häßlichen Hinterhof, und von seiner großen Liebe für Schwesterchen ist längst nichts mehr übrig als einige mit Staub besudelte Federn? Vielleicht hat es ein Mörder angeschossen, und es schleppt sich zuckend von einer Mauer zur andern, von Ast zu Ast mit diesen erschütternden ergebenen Flügelschlägen, die dem sterbenden Vogel dramatische Größe verleihen. Vielleicht ist es zwischen Blumen schwebend in weißer Makellosigkeit irrtümlich von einem Engel fürs Paradies gepflückt worden? Schwesterchen zittert vor Schmerz, einem ätzenden Schmerz unter den Federn: die Verzweiflung. Es möchte schluchzen und kann doch nicht. Es verschmäht das warme Nest. Es vergißt die Eier. Draußen im Herbstregen wartet es auf die Dunkelheit, wartet auf das leuchtende Weiß des Glücks, wartet und kann es nicht fassen. Zu groß ist das Unglück. Ist es möglich, daß sich Gott eine so große Trauer für ein kleines Vögelchen ausgedacht hat! Die Büsche ächzen leise und teilnahmsvoll, der Wind stöhnt, als habe er Mitleid, die Sterne weinen goldene Tränen: Sternschnuppen. Wenn Täubchen wüßte, daß es sich von ihnen die Rückkehr des Geliebten wünschen könnte! Es sitzt auf einem Ast jener Akazie,

der sie immer beide getragen. Der Ast muß sich noch erinnern. Der Regen tropft unaufhörlich durch das Sieb der dünnen Blätter. Wie man erschrickt, wenn eine Fledermaus einen Kreis oder eine andere geometrische Form durchs Dunkel zieht! Wie man erschrickt, wenn man vom ersten Tag an immer zwei Herzen hatte und vier Augen und plötzlich zu einer einzigen Taube zusammengeschrumpft ist. Was für eine düstere Krankheit ist doch die Nacht! Täubchen hat Fieber. Es zittert zum erstenmal vor Kälte, der Kälte der Einsamkeit. Horch, etwas fliegt vorüber. Ein Nachtschmetterling sucht einen Nachtschmetterling, sucht eine Lampe, an der er verbrennen könnte. Manchmal zerbricht das schwarze Glas der Nacht, wenn ein Wagen hindurchfährt. Dann klirrt es wie von Scherben. Ein Hund bellt von weither, wie gestern, wie vorgestern, als Brüderchen noch da war. Ein Baum, von der Sonne tagsüber geweitet, zieht sich in der Kälte fröstelnd zusammen. Seine rheumatischen Gelenke knacken. Jetzt kommen Ratten und nagen gierig an der großen Dunkelheit. Wenn sie die Nacht nur schneller auffressen würden! Von der Straße ertönt in Moll der Liebesschrei einer Katze. So manches Mal haben sich Brüderchen und Schwesterchen als Kinder vor diesem Schrei gefürchtet, wenn er sie im Freien während des Schlafs überfiel. An unzähligen Geräuschen verfolgt die Taube die Abreise der Nacht. In einem Hinterhof schreit endlich ein Hahn. Ein zweiter. Ein dritter. Nun ist der Morgen nur noch einige Kilometer weit entfernt. Täubchen weiß es aus Erfahrung. Als ob es noch ein Täubchen wäre! Schon ist es nichts mehr als ein Päckchen aufgeweichter Federn, kummervoll im Regen auf das Schicksal wartend. Stumm und groß, ohne Klage, sitzt sie da, die kleine Witwe in Halbtrauer. Manchmal öffnet sie den Schnabel, den die Natur ahnungsvoll schwarz gefärbt hat, und schluckt den eisigen Tau der Dämmerung hinunter. Dann wartet sie wieder und lauscht auf das Geräusch von weißen Schwingen, die den Morgen herbeitragen werden.

Der Morgen ist voll von hellen Hoffnungen. Der Morgen wird ihn wiederbringen. Vielleicht hat er ein ganz besonders seltenes Blatt aus der großen Fremde geholt, um ihr eine Freude zu machen. Vielleicht ist er schon längst im Nest, und sie hat sein Kommen überhört, hat ihn nicht heimfliegen sehen? Eilig läßt sie sich in ihren Schlag sinken. Der ist nur noch eine schwarze Leere mit zwei kleinen weißen Eiern, aus denen nie Tauben kommen werden. Sie kann doch nicht allein die Eier ausbrüten! Sie kann doch nicht allein essen und trinken gehen! Soll sie allein in der Sonne liegen und allein die Liebe machen? Außer Brüderchen gibt es keinen andern Täuberich auf der Welt. Wie hell es wird! So hell, als wäre der Morgen aus Brüderchens strahlenden Federn gemacht. Es muß doch wiederkommen. Wenn sie geduldig wartet, kommt es wieder. Haben die Tauber der Nachbarschläge schon ihre Einsamkeit gewittert? Herausfordernd fliegen sie auf ihr Brett. Aber sie ist zu sehr mit Warten beschäftigt, um ihre Zudringlichkeit zu bemerken. Ganz besonders unternehmend ist der perverse Vater. Geil wirbt er um sie, die einmal seine Tochter war. Stolz fährt sie auf ihn los. Sie wächst, dehnt und streckt sich. Aus Täubchen wird eine Taube. Ihr Gefieder gehört Brüderchen. Ihm ist sie treu, kein anderer soll sie jemals haben.

Den ganzen Tag verbringt sie wartend im Trauerschatten einer Buche. Sie braucht keine Sonne mehr. Sie ißt nicht, sie trinkt nicht, sie brütet nicht mehr. Die Eier werden verderben. Was gehen sie diese Eier an! Einige Male fliegt sie hoffnungsvoll in das noch mit Brüderchens Liebe parfümierte Nest zurück. In das Nest, das die Dämmerung mit Grau zu füllen beginnt. Gegen Abend wissen es schon alle Tauben, daß Schwesterchen seinen Beschützer verloren hat, und als es noch einmal in sein Nest zurück will, fallen sie über die Ver-

lassene her. Sie hacken auf sie ein, Tauber, der Vater, rachsüchtig allen voran. Ach, innen schmerzt es so sehr, daß sie die Schnabelhiebe nicht spürt. Kaum treibt sie der Instinkt an, sich zu verteidigen. Erst als sie ein sehr scharfer Hieb in die Brust trifft, rettet sie sich durch die Flucht. Etwas Blut sickert vorne über das schwarzweiße Kleid. Betäubt sitzt sie in einer Gartenecke. Aus Täubchens Wunde tröpfelt roter Regen auf die Erde. Sie sieht jetzt ihrer auf der Insel Lozon lebenden Verwandten ähnlich, jener Taube, die man »Blutendes Herz« nennt, weil ihr der Pinsel des Schöpfers einen roten Fleck auf die Brust gespritzt hat. Es wartet immer noch. Auf den zweiten Abend ohne Brüderchen, auf das Wunderbare, auf den Tod. Wie viele Brüderchen es plötzlich gibt! Zwei, drei, zwanzig fliegen auf sie zu. Rings um sie her ist alles weiß. Weißer als Myrten, kühler als Schnee, leichter als Meerschaum. Sind das Flügel? Man hört sie nicht rauschen. Der Taubenengel holt Schwesterchen ab. Löst die Krällchen von den Zweigen, erst das eine, dann das andere. Leicht wie Watte fällt Täubchen hinunter.
Der Morgen findet es kalt und steif auf dem taufeuchten Weg liegen. Es hat die Füßchen eng nebeneinander in rührender Frömmigkeit von sich gestreckt, als ob es damit beten wolle, und hat den Kopf in einem letzten Liebesseufzer nach hinten geworfen. Ein dunkelroter Fleck ziert es vorne auf der Brust, rot wie die kalten Korallen der Zehen. Ein kleines Schmuckstück aus Blut. Als ob das Herz ausgelaufen wäre. Ein zu großes Herz für eine kleine Taube.

Memoiren eines Spatzen des Jahrhunderts

Ich heiße Schilk. Ich bin der Stolz der Nation. Das naturwissenschaftliche Museum hat einen meiner nächsten Verwandten analysiert, präpariert und ausgestopft. Der erste aus dem Geschlecht der Schilk hat mit Leichtigkeit das Gesetz der Schwerkraft widerlegt und überwunden.
Ich selbst habe kürzlich in einem in den Tuilerien aufgenommenen Film als Statist mitgewirkt. Die Spatzen aller fünf Kontinente sehen auf mich. Ich habe mich verpflichtet, meine Memoiren zu schreiben. Zwar, wer weiß, ob ich verstanden werde; denn schon Rostand sagt im *Chantecler*: »Seit Aristophanes sprechen die Vögel griechisch.«
Aber was macht das? Die Idee des Spatzen, der nationale Gedanke über alles! Und stürbe ich auch einst auf dem Kornfeld der Ehre!

Spatzengehirn, spottet der Mensch. Aber ist nicht alles abhängig von der Vogelperspektive, von der aus wir die Dinge betrachten? Fliege ich nur zwanzig Meter hoch, so wird der Mensch zur Ratte, und fliege ich nochmals so hoch, zur kleinen, lächerlichen Laus. Und wie beneidet er uns! Die Engel, für ihn Ausdruck höchster Vollendung, stellt er sich als Mensch mit Vogelflügeln vor. Und erzählt nicht die Geschichte der Vögel, daß sich vor der Ära der Spatzen schon Dädalos und sein Sohn Ikaros bunte Flügel an die schweren Schultern banden? Und heute, glauben sie nicht gar, diese

Menschen, weil sie Motoren erfunden haben und den Himmel mit ihrem Lärm erschüttern, daß sie uns Konkurrenz machen könnten! Nur keine Angst! Zeus, der Freund des mythologischen Adlers, wird uns stets vor diesen falschen Spatzen schützen.

Man wird sagen: Ein degenerierter Spatz. Gebraucht den Konjunktiv und zitiert Beispiele aus der Geschichte! Aber ich pfeife darauf:

Natürlich, die Nichtstuer unter uns, die Papageien und Kakadus, bunte Kokotten, die sich aushalten lassen, bewundern und imitieren die Zweifüßler. Gleich drüben am Quai sitzt so ein Hyazinth-Ara, krächzt schon wie ein Mensch und protzt mit seiner Vergangenheit.

»Als ich noch der Geliebte der Urwälder war und mit meinem Schrei die Wasserfälle brasilianischer Gebirge übertönte ...«

Tatata, jedesmal, wenn ich sein Futter fresse, dieselben Phrasen! Und wozu hat er einen so langen kobaltblauen Schwanz? So ein Schwanz wirkt unmoralisch und aufreizend. Unsereiner trägt jahraus, jahrein seinen praktischen, soliden braunen Rock. Schönheit, welch ein Luxus! Wer heutzutage noch brotlose Ideale hat, gehört mit einer Vogelflinte erschossen. Mein Ideal ist der Kehrichtabfuhrhaufen, der Mülleimer. Welch ein Überfluß, was für eine philosophische, unergründliche Welt! Hier sind einige Aphorismen eines großen Spatzen: Sage mir, was du ißt, und ich sage dir, was du bist.

In der Verdauung zeigt sich erst der Meister.

Liebe deinen Nächsten weniger als dich selbst!

Verschiebe nie auf morgen, was du heute fressen kannst.

Ein Spatz von Rasse kennt keine Grenzen, wenn es gilt, sich den Magen zu füllen. Kürzlich flog ich sogar mit dem Aero-

plan nach London, weil man mir einen modernen Misthaufen gemeldet hatte. Es gab Totenkäfer, Ohrwürmer und altbakkene Ideen in großen Mengen.
Eine verträumte Nachtigall freilich fliegt nicht aus rationellen Gründen von einem Kontinent zum andern. Eine Schande für uns, daß dieser Vogel auch zur Sippe der Sperlingsvögel gehört. Nur ein sarkastisches »Piep« kann man auf einen Gesang antworten, den ich kürzlich von meinem Nest mitanhörte:

In der verzauberten Flöte
Unserer kleinen Kehle
Weint die Klage des Verlassenen
Um eine tote Seele. –

Ich kann die Strophe leider nicht genau wiedergeben. Ich bin ganz unmusikalisch. Mindestens hundert Mücken ließ sie sich während dieser Zeit entgehen. Als ob man seine Jungen mit Mondschein füttern könnte! Pfui über die Literatur!
Ah! Fifi, in Hellbraun auf der Dachrinne! Leicht wie der Same des Löwenzahns schwebt sie. Wie aufgeregt der Fächer ihrer Flügel zittert! Geliebte, ich komme! Heiß brennt der Sommer unter meinem Flaum. Nein, man schelte mich nicht Materialist. Einmal hat jeder seine Inspiration. Es ist nichts zu fressen in der Nähe, so dichte ich denn ... O Fifi, nimm diesen ersten Versuch meiner Federn gnädig an:

Piep, derrer schilp.
Dürr, till, na,
dell, schilk, silb,
die, da, da.

Drei Weizenkörner, sechs Maikäfer, ein Stück Käse in den Anlagen der Tuilerien gefunden. Die Menschen sehen in solch einem Fund einen Finger der Vorsehung. Lächerlich. Mein scharfer Blick ersetzt mir die Vorsehung. Unermüdlich dreh' ich den Kopf; behalte das linke Ufer der Seine im rechten Auge und das rechte im linken. So kann mir keine fallende Brotkrume auf zwei Kilometer Umkreis entgehen. Ich saß auf dem Eiffelturm, der erbaut wurde, um die Dummheit durch drahtlose Telegrafie zu verbreiten, und dachte:
Seht, welche Bedeutung früher ein Vogel für den Menschen hatte. Eduard der Dritte von England bestrafte den Diebstahl eines Habichts mit dem Tod, 1396 gab der Herzog von Nevers dem Herzog von Burgund gegen zwölf weiße Falken alle französischen Gefangenen frei.
Heute aber – außer einigen zivilisierten Menschenrassen, die einen Vogel als Totem ihres Stammes wie eine Gottheit heilighalten und verehren – tragen nicht nur die roten Männer, sondern auch die weißen Frauen Federn auf dem Kopf.
Zu alledem beleidigt der Mensch auch noch unser Nationalgefühl. Er hat aus dem Adler eine Allegorie, aus der Schwalbe ein Motiv für Ansichts- und Glückwunschkarten, aus der Nachtigall einen Reim für Poesie-Alben und aus der Taube ein kitschiges Symbol gemacht. Er wird nie aus dem Mittelalter herauskommen. Man sehe sich dagegen unsere Entwicklung an:
Während früher der Falke des Herzogs von Lerme zu einem Flug von Andalusien nach der Insel Teneriffa noch sechzehn Stunden brauchte, läßt sich ein moderner Sperling von den Schallwellen dreihundertunddreißig Kilometer in der Minute tragen, so daß ein chinesischer Spatz in einem Tag mit einem Pariser Spatzen zusammenkommen und wichtige Entscheidungen treffen kann.
Man wünscht meine Ansicht über Pädagogik zu hören? Die

Mindestzahl von Insekten, die ein normaler Spatz pro Woche seinen Jungen zu bringen hat, ist 2999. Nicht nur Raupen, Käfer und Larven, sondern auch fliegende Blumen. Diese Schmetterlinge fliegen zwar wie die Vögel, aber sie sind nicht mit Luft und Sensibilität gefüllt wie wir und darum nicht im geringsten mit uns verwandt. Also keine Schonung bitte! Es handelt sich darum, satt zu sein, nicht gut. Der Kult des Ich vor allem. Was nutzt der Taube all ihre Demut? Der Sperber würgt sie doch. Und dem frommen Hasen saugt das Wiesel das sanfte Gehirn aus.
Das kommt davon, wenn man sich allzuviel mit Kohl beschäftigt!

Ein Stückchen Zwieback, drei Kirschen, fünf Hanfkörner in einem Pferdeapfel.
A propos, Sie irren, Herr Buffon! Nicht die Vögel sind musikalisch vom Menschen und seinen Geräuschen beeinflußt, sondern umgekehrt. Sonst würde ein Großstadtspatz heute wie ein Klaxon schreien und die Nachtigall Jazzband flöten. Freilich haben wir uns überall den Gewohnheiten des Menschen aus ökonomischen Gründen angepaßt. Der Mensch ist unser Sklave. Und während er das Korn für uns bestellt, unsere Lieblingssalate pflanzt und unser Obst an Spalieren zieht, sehen wir ihm spöttisch von oben zu und lassen den Ausdruck tiefster Verachtung auf ihn herabfallen.
Selbst auf fernsten Kontinenten, auf die wir dem Auswanderer zu Schiff nachfolgten, hielten wir immer den Gedanken der spätzlichen Rasse hoch. Panavismus, der Vogel über alles in der Welt. Und unser nationaler Schrei wird von Generation zu Generation ein gellendes »Piep« bleiben.
Herr Buffon, sogar die sentimentale Nachtigall singt sich

selbst. Sie ist das Instrument, durch das der Erdgeist sich verkündigt. Aber ich schweife von meinem Thema ab. Zurück zur Krone der Schöpfung, dem Spatzen!
Ja, ich bin Patriot. Ich bin die Vermischung von Haus- und Feldsperling; und die japanischen Spatzen am Quai du Louvre würden gewiß von uns Parisern gelyncht werden, wäre nicht ein Gitter zwischen uns und ihnen. Denn seit wann hat ein Spatz, selbst wenn er sich klimatischen Verhältnissen anpassen muß – eine weiße Brust!
Doch die Rassenfrage würde mich zu weit führen. Genug für heute. Ich will die Augen schließen, damit es Abend wird.

Begegnen sich heute in London, Paris oder Berlin zwei Spatzen, so kann man sicher sein, daß der erste dem zweiten ein fragendes »Schilk« zuruft, was dieser mit einem ebenso inhaltsreichen »Schilk« beantwortet. Schilk ist heute die internationale Losung. Denn wie ich schon sagte: Die Augen aller Spatzen sind auf mich gerichtet, meine Abhandlung über das *Nest der modernen Spatzen* hat großen Lärm verursacht. Ich ging darin aus von den südafrikanischen Siedelsperlingen, die schwebende Städte in die Mimosenbäume bauen, um sich vor Schlangen zu schützen. Hier ist die Architektur, Konstruktion, Einteilung der Oberfläche, die sich mit antiker Vogelkunst messen kann. Dagegen sind unsere Nester veraltet. Die Schwalbennester, die wir gewöhnlich beschlagnahmen, entsprechen keineswegs den hygienischen Anforderungen der Neuzeit. Wir brauchen katzensichere Nester aus Vogeldreck und Zement.
Dieser mein Aufruf hat überall, wo man fliegt, ein Echo gefunden. Große Meetings wurden abgehalten und eine Abordnung der vereinigten Spatzen Amerikas ersuchte mich,

eine Studie über den Menschen und seine Beziehung zu uns zu schreiben. So werde ich mich denn in kürzester Zeit fangen lassen und meine Aufzeichnungen über dieses Tier beginnen.

Gestern stürzte ich mich durch das offene Fenster in eine Wohnung, die ich nach reiflicher Überlegung gewählt hatte, weil ich ihren Besitzer für einen Tierfreund hielt. Man sah nämlich von draußen allerlei Getier in diesem Pantheon. Einen Hirsch als animalischen Kleiderträger, einen Eisvogel auf einem Gipsfelsen, wilde Tiere in Teppiche verwandelt, einen Fuchs mit offenem Gebiß und rosa Zahnfleisch, mit Ölfarbe frisch übermalt, eine Eidechse, ein Eichhörnchen, immer dieselbe Nuß zwischen den Zähnen, einen Bären, der eines seiner beiden Glasaugen verloren hatte und es zu suchen schien. Ich setzte mich auf ein eingekampfertes Hermelin, als ein Mann eintrat und ausrief: Was für ein hübsches Exemplar für meine Sammlung! Ich plusterte mich stolz auf. Hatte ich doch gewußt, daß ich zu großen Ehren vorbestimmt war! Aber ich schwieg. Er verstand ja doch nicht das Esperanto der Vögel, und ich wahrte mein Inkognito. Wozu sollte er wissen, daß er den großen Schilk vor sich hatte!
Dann kam ein niederträchtiger Eingriff in meine Persönlichkeit: der Käfig. Man weiß, was der Käfig für eine Rolle im Leben des Menschen spielt. Er verbringt alle Jahreszeiten darinnen. Er bewegt sich in laufenden Käfigen. Alles, was er besitzt, verschließt er im Käfig. Kurz, der Käfig ist das Symbol seiner Beschränktheit. Woher auch sollte dieses schwere Wesen, das von der Erde mehr angezogen wird als vom Himmel, wissen, daß das höchste Glück ein Tanz durch die Luft, ein Sturz aus dreißig Meter Höhe ist.

Doch betrachten wir nun den Menschen in seinen Beziehungen zu uns. Hier die erste Formel, die ich als maßgebend aufstelle:

1. Der Mensch ist ein Sklave der Zeit. Dies ist ja für uns keine ganz neue Beobachtung. Seit Jahrhunderten hatten wir uns darauf eingestellt. Wir wußten, daß um vier Uhr achtzehn soundsoviel Krümel von jenem bürgerlichen Kaffeetisch fallen würden, daß in den Städten die allgemeine Fütterung um zwölf Uhr mittags beginnt. Während der Fall der Pferdeäpfel vom Zufall abhängt, hängt jede fallende Brosame mit Zeit und Schicksal eines Menschen zusammen. Er weiß nicht, daß man nicht der Zeit nachläuft, sondern sie auf irgendeinem Dachgiebel an sich vorüberfliegen läßt. So nur genießt man das Dasein. Dreimal am Tag nimmt der Mensch in öffentlichen Speisehäusern, meist von Lärm begleitet, den er Tafelmusik nennt, sein Futter zu sich. Und so kommen wir auf eine andere Eigenart seiner Gattung zu sprechen.

2. Der Mensch ist der Sklave des Objekts. Das Objekt, der Gegenstand, spielt eine entscheidende Rolle in seinem Leben. Wehe dem, der sich an seinem Besitz vergreift! Darum ist äußerste Vorsicht in Feld und Garten geboten. Künftige Generationen sollten mehr und mehr Schutzfarbe annehmen. Denn wir spotten zwar der Vogelscheuchen und Feldgötter, aber Schrot, Vogelleim, Schlingen, Fallen und Schlaggarn sind ebenso sicherer Übergang in eine unbekannte Welt wie die Krallen der Katze. Kultivieren wir besonders diese moderne Unruhe, die der Mensch für Angst hält und die nichts anderes ist als »Le mal du siècle« unserer Generation.

Der Mensch verbraucht seine ganze Kraft im Sammeln von Objekten. Darum allein sehen wir ihn auf der Erde hin und her kriechen. Die Weisheit, sich mit fünf Weizenkörnern zu begnügen, hat er von uns noch nicht gelernt.

Sein Leben besteht aus einem fortgesetzten Aus- und Anzie-

hen von Häuten, die ihn – einige Dichter ausgenommen – immer am Fliegen hindern werden.
3. Der Mensch ist kein Individualist. Er frißt gemeinsam aus einer Schüssel, anstatt sich, wie wir, mit jedem Bissen zu isolieren. Er frißt verschiedene Vogelarten. Sorgen wir also stets dafür, unser Fleisch so zäh wie möglich zu erhalten, durch Bäder in Dreck und Staub und durch schwebende Gymnastik.
Da die Autos immer zahlreicher werden und unsere Existenzmöglichkeiten sich dementsprechend verringern, das heißt wohlgenährte Pferde und Roßbollen in den Städten immer seltener werden, sollte die Losung des Zukunftsspatzen »Zurück zur Natur« heißen.
Zu allem Schlechten hat der Mensch auch noch die Seele erfunden. Das soll eine Substanz sein, die aus Mark gewonnen wird. Man nimmt sie als Serum gegen die Sterblichkeit ein. Aristoteles, ein Idiot, der zur Halmzeit der Vögel gelebt hat, behauptet:
»Die Seelen der Tiere sind substantielle Formen.«
»Piep, Piep!« Schütteln wir uns vor Lachen. Freßt soviel ihr könnt, verschont auch nicht einen einzigen Ohrwurm! Denn es gibt weder Seele, noch Unsterblichkeit. Glaubt nicht, daß ihr den Käfer, den ihr euch hier entgehen ließet, im Jenseits der Vögel wiederfindet. Gedenkt immer der Worte des großen Schilk: »Verschiebe nie auf morgen, was du heute fressen kannst!« (Siehe Aphorismen.) Das Paradies, der Flug in den Himmel, ist eine Lüge der asthmatischen Kriechtiere.
Einige Gedanken über die Liebe:
Die Menschenjungen werden auf mechanischem Wege hergestellt oder auch auf seelischem, und das ist dann mit vielen gefühlvollen Phrasen und Perversitäten verbunden. Ein gesunder Sperling hingegen pflanzt sich dreimal im Jahr auf natürliche Art und Weise fort. Schon Voltaire, ein Philosoph,

der sich mit mir hätte messen können, sagte: »Veux-tu avoir une idée de l'amour, vois les moineaux de ton jardin.« Der Spatz aber nehme sich in den Fragen der Begattung niemals ein Beispiel an den Menschen.

4. Der Mensch ist nützlich.

Er verdient unsere Achtung in allen Gegenden, wo er Salat pflanzt, Erbsen an Spalieren zieht, Kornfelder bestellt und Kirschbäume veredelt und so zu unserer Stärkung und Vermehrung beiträgt. Meidet den Süden! In Spanien, einem Land, das ihr leicht an seinem ranzigen Ölgeruch erkennen könnt, bringt man die Steinsperlinge schockweise auf den Markt. In Ländern, wo viel getrommelt wird, bei Negern und Militaristen, könnt ihr euch ruhig niederlassen. Dort werden Menschen gefressen oder getötet. Ein Sperber tötet täglich fünfzehn bis zwanzig Sperlinge in einer Stunde, um sie zu essen. Ein Mensch zerreißt in derselben Zeit mittels einer Kanone und zu seinem puren Vergnügen Tausende von Mitmenschen. Darum schließe ich:

5. Der Mensch ist schlecht. Wie sehr hatte ich mich in ihm getäuscht. Der Inhaber dieser Wohnung ist ein Tierleichenschänder. Ausgestopft werde ich in die Unsterblichkeit eingehen. Grausam wie die Katze, hinterlistig wie das Wiesel, tückisch, unerschöpflich in Tierquälerei zerschneidet er, was ihm lebendig in die Hände fällt, in winzige Stücke. Unter dem Vorwand der Wissenschaft gibt er sich der Vivisektion hin, die nichts weiter ist als eine Sublimierung seines Sadismus.

So sterbe ich denn als Märtyrer den Forschertod für die große Sache der Spatzen. Freilich könnte ich in einem unbewachten Augenblick entschlüpfen, aber so handelt nur ein ehrloser Vogel. Mutig will ich für mein Volk den Heldentod erleiden. Künftige Generationen werden mich der Jugend als Beispiel hinstellen. Mein Ruhm wird durch die Lüfte schallen. Mit

dem Ruf: »Es lebe der große Stamm der Spatzen« werde ich dem Dunkel entgegenfliegen.
Möge ein Chor von Sperlingen das Credo aus Mozarts *Spatzenmesse* pfeifen. Errichtet mir aus Stroh und Heu ein Heldendenkmal:

Hier ruht der tapfere Schilk.
Er starb für seine Nation.

Mandalay

»Gott schenkte uns die Katze, um uns zu erlauben, in ihr den Tiger zu streicheln«, sagt ein großer Dichter.
Seit Mandalay die Wohnung in ein Dschungel verwandelt hat, zitieren Er-au oder Sie-au, wie der Kater sie nennt, häufig diesen Ausspruch Victor Hugos. Und zwar immer derjenige von ihnen, dem die siamesische Katze gerade keinen Streich gespielt hat.
Aus den kleinen Gummibäumen, den Töpfen mit dem Immergrün und den harmlosen Kakteen vor dem Fenster war ein Urwald geworden, und Mandalay lauerte darinnen auf das Abenteuer. Er hatte zuviel Phantasie, um nicht überall und zu jeder Stunde des Tages auf ein Abenteuer zu warten. Zuweilen führte er ein Ballett auf mit einem Papierknäuel, ein siamesisches Ballett von großer Schönheit. Der berühmteste Luftsprung, den je ein Tänzer gemacht hat, der Nijinskys, in dem dieser achtmal in der Luft die Beine kreuzte, bevor er wieder den Boden berührte, war nichts gegen die Sprünge Mandalays. Sie waren geradezu eine Verneinung des Gesetzes der Schwerkraft. Er warf sich in die Luft, überkugelte sich mehrere Male, hängte sich an ein unsichtbares Seil und ließ sich herabgleiten, die Pfötchen auf die Sprossen einer imaginären Leiter setzend. Jetzt wirbelt er um seinen Schwanz herum, als wäre er ein irrsinniger Kater und nicht der weise Mandalay, der noch vor einigen Minuten zur Fayence erstarrt von den Tempelstufen träumte, auf denen seine Vorfahren mit offenen Pupillen in die Unendlichkeit hineinsahen und mit rotglühenden Augen Löcher in die Zeit brannten.

Jetzt klettert er mit der ihm eigenen Verachtung der Materie an den Brokatvorhängen hinauf, die unter den einsetzenden Krallen knirschen, jongliert ein wenig mit einem Kolibri, der dem Dschungel der paar Fettpflanzen unten entflogen zu sein scheint, und sitzt schließlich als edle Skulptur auf der Vorhangstange, der Dinge harrend, die für einen Kater kommen müssen, der Brokatvorhänge mit Verachtung behandelt.
»Willst du wohl sofort herunterkommen!« ertönt die Stimme der Herrin. Mandalays Schweigen sagt deutlich, daß er nicht will.
»Er will uns ärgern, weil wir ihn geärgert haben, Liebste«, ruft der Herr durch die geöffnete Türe des Nebenzimmers. Aha, denkt Mandalay, er deutet meine Geste richtig. Umsonst hat das Mädchen gesagt: »Madame est servie.« Umsonst hat Er gebeten: »Möchtest du nicht zu schreiben aufhören, Liebste, das Essen steht auf dem Tisch.« Sie fährt fort zu schreiben, ohne Rücksicht auf Kater, Mann und Mahlzeit. Wirklich, welch ein Mangel an Respekt! Mohammed schnitt seinen Ärmel ab, auf dem eine Katze eingeschlafen war, um sie nicht zu wecken, und hier geht eine über Papier eilende Feder allem anderen vor.
Einst war die Katze der Gott der Ägypter. Mandalay räkelt sich hoheitsvoll bei diesem Gedanken. Er macht einen stolzen, aristokratischen Buckel, so hoch, wie ihn der nahe Plafond zuläßt, und erinnert sich dunkel seiner Vorfahren.
Nun geruht er seinen Absprung zu tun. Wenn man es nicht von ihm verlangt, kommt er gerne herunter. Nur unberechenbar sein und bleiben will er. Lautlos langt er auf seinen Gummisohlen auf dem Stuhl vor dem Tisch an.
Im Nebenzimmer pfeift Er einige Molltöne, um die Katze anzulocken. Aber selbst diese Laute, die gewöhnlich Mandalays Seele in so besondere Schwingungen versetzen, daß er sofort auf den Flötenden zuspringt, haben heute keine Wirkung auf

ihn. Er kann die kriminelle Verzögerung des Mittagessens nicht verzeihen und zieht seine »mou« jedem »mi« vor.
Er kommt aus dem Nebenzimmer und legt seine Hand auf des Katers Kopf: »Ja, ja, Mandalay«, sagt er lachend, »in Indien, im Tempel des Lao-Tsun, am See Incaougji gelegen, leben hundert heilige Katzen, die alle lange vor ihrem Priester essen. Du hast deine Herren schlecht gewählt... Aha, man wünscht keine Berührung.«
Er zieht seine Hand zurück und geht wieder in sein Zimmer. Mandalays zuckender Schwanz zeigt zu deutlich seine Abneigung gegen Liebkosungen an. Er klopft lauter mit dem merkwürdig verstümmelten, wie abgebrochenen Schwanz, der seiner Rasse Eigentümlichkeit ist, gegen die Stuhllehne. Nein, Sie hört und sieht nichts, wenn Sie schreibt. Das ist der Moment. Vorsichtig legt er seine schwarzbehandschuhten Vorderpfoten auf die Tischkante, dann schiebt er den Körper nach. Noch ein kleiner Ruck, und er kann die Sardinen erschnappen.
Aber die Falschheit der Menschen ist unermeßlich. Richtet Sie sich nicht auf und sagt: »Mandalay, du Dieb, willst du wohl ...«
Mandalay schaut Sie herausfordernd mit gläsernen Augen an.
»Vom Tisch herunter oder ...«
»Oder?« fragt er spöttisch und rührt sich nicht. Er weiß genau, was er zu tun hat, um die auf dem Divan Liegende endlich zum Aufstehen zu bringen und zur feierlichen Handlung des Essens zu zwingen. Denn ist sie erst einmal aufgesprungen, legt sie sich nicht wieder hin.
»Oder ich hole den Stock!«
Mandalay lächelt, ohne sich zu bewegen. Kann man einem Kater, der von annamitischen Katzen abstammt, die im siebzehnten Jahrhundert aus dem Reich der Khmer importiert

und mit den Katzen von Birma gekreuzt wurden, vielleicht mit Schlägen drohen? Drohen, ja. Dem entarteten Menschen ist alles möglich. Aber schlagen! Mandalay möchte am liebsten laut auflachen, wenn er könnte. Schlagen! Ihn, den Verwandten der geweihten Katzenstatuen von Mandalay, deren Augen aus echten Saphiren gemacht waren! Hat Er ihm das nicht oft genug erzählt?

»Ja, muß ich denn wirklich aufstehen und diesen Kater wegjagen?« Sie setzt probeweise einen Fuß auf den Boden. Mandalay rührt sich nicht. Nun folgt ihr zweiter Fuß. Der Kater zieht seinen Boxhandschuh zurück.

Sie stürzt auf ihn zu.

»Ach, diese Katze! Der größte Dieb von Paris!«

Mandalay ist unter dem Kasten verschwunden. Er grinst.

»Hallo! Zu Tisch!« ruft Sie zu Ihm hinüber. »Was für ein tyrannisches Tier! Jedesmal, wenn man später essen möchte, bedroht es mich mit Diebstahl, mit seinen Urinstinkten! Welch unzähmbares Raubtier!«

Er kommt und lächelt sein feines siamesisches Lächeln, das er der Katze abgeguckt hat.

»Liebste, vergiß nicht: ›Dieu nous a donné le chat pour nous permettre de caresser le tigre.‹«

Hara-Kiri

Sie hatten eine Zeitlang, während der feine Wasserstrahl in ihren gläsernen Käfig herunterrieselte, Wasserball mit den Luftkügelchen gespielt, die der Strahl beim Auffallen bildete. In der Fischsprache, die wir heute mit verfeinerten Instrumenten als Geräusch wahrnehmen können, hatten sie sich – wie immer – etwas zugerufen. Aber als ich mich näherte, tauchten sie unter, um sich zu verstecken.
Die achtjährige Yedda, der rote Goldfisch, eine kräftige, angriffslustige alte Jungfer, die kalt und unnahbar an ihrer Einsamkeit den zwei andern Fischen gegenüber festhielt, schwamm aus den auf dem Wasser treibenden Salvinien hervor, um mir aus der Hand zu fressen. Sie wußte, daß sie durch den Kontakt mit den Fingern mehr Würmchen und Larven als die beiden andern bekam.
Jahrhundertelang hatte man angenommen, daß Fische stumm seien. Und was wissen wir davon, wie sich in ihren Augen die Wesen widerspiegeln, die sich dem Aquarium nähern? Vielleicht sehen uns die Fische als Mosaik, aus vielen Stücken zusammengesetzt?
Vielleicht sehen sie mich bunt. Vielleicht schwarzweiß, wie eine Zeichnung des größten Meisters ihres Landes: Hokusai? Ich konnte für sie eine irreale Erscheinung, ein Riese oder ein Zwerg sein. Und sah ich sie denn in ihrer Wirklichkeit? Von ihrem eigentlichen Wesen hatte ich keine Ahnung, wenn ich auch ihre graziöse Form durchs Wasser gleiten sah. Und doch hat jeder von uns auch einmal wie ein Fisch im aquarischen Leib einer Mutter gelegen.

Als Yedda satt war und die Vibrationen und Erschütterungen, die meine Fingerspitzen im Aquarium hervorgerufen hatten, verebbten, schwammen die beiden andern Fische, die sich in dem auf dem Grund wurzelnden Wäldchen von Vallisnerien und Quellmoos versteckt hatten, in die Höhe und schielten nach Yedda. Sie fürchteten sie. Auch ohne Hunger würde sie ihnen das Futter streitig machen. Immer kampfbereit, lag sie auf der Lauer. Jede Annährung männlicher Goldfische, die ich versuchsweise im Aquarium ausgesetzt hatte, hatte sie energisch zurückgewiesen. Ich hatte sie wieder entfernen müssen. Und der brasilianische Scalaire mit den jammervoll traurigen Augen, der so dünn wie ein Goldstück war, hatte Yedda mit seinen goldenen und schwarzen Streifen so geärgert, daß auch er vor ihr in Sicherheit gebracht werden mußte.
Wie ein Kind in einem beinernen Federhalter durch ein darin angebrachtes Löchlein den Eiffelturm entdeckt, hatte Yedda vielleicht in dem durchsichtigen Körper des Scalaire ein tropisches Ufer seines heimatlichen Amazonenstroms entdeckt. Wie gesagt, was wissen wir von dem Sehvermögen eines Fisches und der Melancholie des Scalaire. Vielleicht setzten sich vererbte Erinnerungen in magische Bilder in seinem Körper um. Yedda jedenfalls hatte sich, wie elektrisch geladen, auf die Träume des Brasilianers gestürzt.
Auch die zwei japanischen Vettern, die seit einem Jahr ihre Einsamkeit vergewaltigt hatten, duldete sie nur.
Hara, der Schleierfisch, schwamm wieder vorsichtig nach oben. Er zog seine Schleier wie eine lange, zarte Brautschleppe nach sich. Furchtsam sah er hinaus in die Welt, die sich, gebrochen durch das Glas, in seinen Fischaugen brach, gewiß auf eine seltsame Weise. Denn er überlegte, ob er nicht wieder untertauchen und das Gold auf seinem Körper in Sicherheit bringen müßte.

Der kleinere, platingefärbte Teleskopfisch Kiri sah mich mit seinen herausgedrehten Fernrohraugen erstaunt und zugleich vorwurfsvoll an. Was warf er mir vor? Daß ich ihn mir zur Freude gefangen hielt? Ich hatte ihn und Hara nicht gekauft. Sie waren mir geschenkt worden. Gefängnisse empörten mich, sowohl für Menschen als für Tiere. Aber Kiri war doch in und für Gefangenschaft geboren. Ein anderer Besitzer hätte ihn womöglich am Abend mit einer Lampe grell belichtet, weil indirekt beleuchtete Aquarien dekorativ sind.

Kiri sah so verwunschen aus. Wie das Spielzeug eines göttlichen Zauberers, der seine Augen aus schwarzer Trauer geschaffen hatte.

Freilich, ich konnte Yedda herausnehmen, aber jedes Lebewesen bedarf einer gewissen Dosis von Unruhe, um sich zu behaupten.

Es muß Abwehr oder Angriff in sich züchten. Der Rosenstrauch, der nicht fliehen kann, setzt Dornen an. Der Zierfisch schützt sich durch Flucht.

In den Uraugen Haras lag weniger Unglück als in denen Kiris. Sie drückten ein grenzenloses Erstaunen aus. Unbeweglich lag der kleine Torpedo da und wunderte sich. Wäre nicht das leise Öffnen und Schließen der karmingefütterten Kiemen gewesen, man hätte ihn für eine jener Nippsachen gehalten, mit denen der Bürger, zusammen mit Muscheln, gläsernen Korallen und Algen, seine Aquarien schmückt.

Plötzlich ging ein Zucken durch Kiris Körper. Alle ihre Schleier flatterten. Ihre Rückenflosse spannte sich wie ein Segel. Hara hatte sie gestreift. Einige Sekunden lang sahen die grünen Wasserpflanzen aus, als wären sie bengalisch beleuchtet, während die Fische vorbeischossen. Nicht nur ich stellte für die Tiere eine optische Täuschung vor, sondern auch ihr Bild verschob sich mir. Sie wurden übergroß oder

winzig, greifbar oder geheimnisvoll entrückt, je nachdem, wie sich das Licht an dem gläsernen Behälter brach.
Hara kam zuerst wieder herauf. Auch er war durchsichtig, wie mit Röntgenstrahlen durchleuchtet, konnte man seine Organe durch die Haut hindurch sehen. Sein Skelett war ein winziges Kunstwerk. Aber in keinem Verhältnis zu dieser zierlichen inneren Knochenskulptur standen die ernsten, alten Augen. Es war gewiß nicht leicht, Hara zu sein. Nicht umsonst hatte er ein so kummervolles Mäulchen. Er hatte es von seinen Vätern geerbt, die von weither, von Japan und China, auf großen Schiffen herübergekommen waren, wie vor ungefähr dreihundert Jahren seine etwas bäuerlichen Vettern, die Goldfische.
Man hat diese Fischchen so lange überzüchtet, bis aus dem einfachen Ypsilon des Schwanzes ein doppeltes und dreifaches wurde. Man hat sie durch Kreuzungen und chemische Präparate verändert, bis ihre Haut die seltsamsten Tönungen und Tätowierungen aufwies. Man hat den Teleskopfisch, den Himmelsgucker, in dunkle Bassins gesperrt, in die nur ein schwaches Licht schräg von oben einfiel, so daß er gezwungen war, die Augen nach dieser Richtung herauszurollen. Die kleinen Fische sollten an Schönheit und Originalität und damit an Wert zunehmen, ganz gleich, ob sie dadurch auch hinfälliger und degenerierter wurden.
Hara und Kiri sahen ganz so aus, als verdankten sie ihre ästhetische Vollendung einer generationenlangen Qual.
Es fiel mir auf, daß Hara, sooft ich vorbeiging, aus dem Wasser hochschnellte, als wolle er mich rufen. Ich hielt die Fingerspitze an den Rand der Flüssigkeit. Zum erstenmal berührte er sie mit dem Mäulchen.
Und wieder und wieder. Es war eine Art Blindensprache, die wir miteinander führten. Es war seine einzige Möglichkeit, sich mir mitzuteilen. Ich nahm ihn vorsichtig mit dem Netz

heraus und streichelte ihn. Er zappelte nicht, sondern lag ganz still. Ich ließ ihn wieder ins Aquarium zurückgleiten. Aber wieder näherte er sich dem Wasserspiegel und meinem Finger. Gewiß ging etwas in ihm vor, und ich verstand ihn nicht. Er schwamm jetzt langsam, wie betrunken, hin und her. Es wurde ihm sichtlich schwer, das Gleichgewicht zu halten. Das Thermometer des Behälters zeigte die normale Temperatur an. Er konnte sich also nicht erkältet haben. Plötzlich schoß Yedda auf ihn zu und versetzte ihm einen scharfen Stoß. Sie hatte vor mir, instinktiv, begriffen. Und das große unbarmherzige Gesetz der Natur, das den Stärkeren den Schwächeren quälen und töten läßt, ließ sie handeln. Grausam, kalt lauerte sie ihm auf. Geheimnisvolle Wellen liefen von einem dieser seltsamen Wesen zum andern. Yedda wußte, daß sie die Siegerin war. Lange vor mir hatte sie den Übergang vom Leben in den Tod gespürt.

Eine halbe Stunde später lag Hara auf der Seite. Das Licht fiel zum erstenmal direkt von oben auf das traurige schwarze Auge. Aber es drang nicht mehr hinein. Hara war tot.

Am andern Morgen hängte sich Kiri oben an den Wasserspiegel und schnappte nach den kleinen Luftblasen. Man hörte keinen Laut, aber sah die Form der Schreie: O–O. Hatte der Fisch Angst, mit Yedda allein bleiben zu müssen? War es eine Klage um Hara? Es dauerte nicht lange, und Yedda, von so viel Melancholie gereizt, versetzte ihm die ersten Püffe. Mit dem Netz holte ich Kiri heraus und brachte ihn in Sicherheit. Im wohltemperierten Wasser der Badewanne schien er alles vergessen zu haben und schoß vergnügt hin und her. Aber etwas später begann auch er eine gewisse Unsicherheit im Schwimmen zu zeigen. Mit dem Fisch im Pokal lief ich zum Tierarzt. Egoistischerweise hatte ich in Kiri schon etwas Gefühl auf Zinsen angelegt und wollte das »Kapital« nicht verlieren.

Der Veterinär sagte trocken: »Lungenentzündung. Den ersten Fisch haben Sie durch Berührung Ihrer Hand getötet. Diese zerbrechlichen Wesen vertragen das nicht. Immer müssen die Menschen die Tiere streicheln, nicht um den Tieren wohlzutun, sondern weil es ihren Händen angenehm ist, über seidene Felle und silberne Häute zu fahren. Dieser da wird an den Folgen des Temperaturwechsels – vom Aquarium in die Badewanne – eingehen. Sie sehen, er ist apathisch, hustet und hat Ringe um die Augen. In einigen Stunden ist er hin. Sehr wahrscheinlich haben Sie den Tieren zuviel Futter hineingeworfen, weil Ihnen ihr Losschießen auf die Würmer und Insekten Spaß machte. Aber die getrockneten Larven und Wasserflöhe vergifteten das Wasser des Aquariums, deshalb kamen die Fische immerzu an die Oberfläche, weil sie unten nicht mehr genug Luft und Sauerstoff fanden.«
»Wenn das der Grund wäre, läge der alte Goldfisch ja auch im Sterben.«
»Der hat eben eine robustere Natur.«
Noch vor Abend tauschte Kiri das Aquarium gegen eine andre Wiedergeburt ein.
Hoffentlich ist in meinem Karma nicht vorbestimmt, daß ich als Kiri wieder zur Welt komme.

Das tätowierte Herz

Ein indianischer Gesang
von Liebe und Tod

Korallenkuß des Morgens

Lo, der Korallenmund des Morgens
Hat sich wieder geöffnet.
Rot vom Kuß
Glüht der Schoß der Wüste.
Lo, es tönen wieder
Die Muscheln des einstigen Meeres.
Das Mark der Sandsteinfelsen
Schauert vor Lust.
Der versteinerte Baumstrunk,
Von Millionen Jahren bemalt,
Wird wieder lebendig:
Er blüht in allen Farben,
Meisterwerk des göttlichen Künstlers.

Lo, der Korallenkuß des Morgens
Entreißt mir Tränen des Glücks
Denn auf dem Pfad der Jugend
Wird die Geliebte mir entgegengehen:
In den Augen das Wunder der Morgenliebe

Der Zaunkönigkaktus singt

In den Liebesnächten
Kann man den Mond greifen,
Er duftet nach Anis
Nach deinem Atem, Nei-ji-ba.
Wenn ich dich berühre, mein Abendstern,
Bleibt Goldstaub
An meinen Fingern haften.

Das spanische Bajonett
Ist eifersüchtig
Weil es dich nicht streicheln kann.
Scharf geschliffen
Von der Einsamkeit
Droht seine stählerne Blume
Wie eine blitzende Waffe.

Auch die Blüte des Zaunkönigkaktus
Öffnet sich bei deinem Anblick.
Sie sieht aus wie ein kleiner Vogel.
Unhörbar zwitschert er.
Weißt du was er zwitschert?
Nei-ji-ba, Nei-ji-ba,
Nei-ji-ba ...

Sieben Wünsche

Wär ich das Stirnband auf deinem Haupt
So nah deinen Gedanken!

Wär ich das Maiskorn
Das deine Wildkatzenzähne zermahlen!

Wär ich an deinem Hals
Der Türkis, heiß von dem Sturm deines Blutes!

Wär ich die bunte Wolle
Die am Webstuhl durch deine Finger gleitet!

Wär ich die Samttunik
Über der Ebbe und Flut deines Herzens!

Wär ich der Sand in deinen Mokassins
Der deine Zehen streicheln darf!

Wär ich dein Traum zur Nacht
Wenn du im Schlaf auf deiner Matte stöhnst!

Die Yucca

Vor meinem Haus am Berg
Steht steil die Yucca
Die Kerze Gottes
Hell strahlt ihr Licht.
Über mein Pony und mich
Ragt sie hoch hinaus.

Im Wind um nicht zu brechen
Wiegt sie sich in den Hüften
– Die Königin der Blumen –
Manchmal seufzt sie zur Nacht:
»Warum bin ich
So groß und allein?

Mohn, Lavendel und Ocotillo
Kosen einander
Nur ich bin ausgesetzt
In der Einsamkeit.«
Aber am Morgen – gehorsam ihrem Gesetz –
Wächst sie weiter hinauf in den Raum.

Wie die Yucca
Stolz und makellos
Wurdest du groß
Palmenlilie meiner Träume
Und noch immer wächst du in den Himmel
Kaum erreichbar meiner Hand

*Gebet zu Atsalei Yedadigles**

Die Todeswolke hängt über uns
Geballt aus Fledermäusen.
Scheucht sie mit Trommeln,
Mit Glöckchen, mit Schellen,
Tanzt sie fort, Brüder!

Blase auf deiner Flöte,
Atsalei Yedadigles
Zerreiße die Wolken des Todes
Befiehl dem Orkan
Einen Umweg um unsren Hogan!

Die rosa Nacktheit des Himmels
Gib uns zurück:
Das Licht, die Freude, die Schönheit
Und des verstummten Mondvogels Lied:
Den Triller auf Nei-ji-bas Lippen!

* Windgott

Hurrikan

Pechschwarz ist der Zorn
Des wilden Nayenezgani*.
An schwarzen Pocken
Ist der Himmel erkrankt.
Blitze glühen schwarz
Trauerschmuck aus Jet
Bedeckt die Welt.
Selbst der Donner ist schwarz
Jetzt da er um die Felsen brüllt.
Schwarze Dolche stecken
Im bleichen Leib der Wüste.
Der Mitternachtszorn
Des göttlichen Häuptlings
Erstickt die Schläfer
Mit schwarzem Geröll.

Die schlaflose Gestalt der Geliebten
Geht auf und ab hinter meiner Stirn.
Zwei Hurrikane schrecken sie:
Der eine rast um ihre Hütte
Der andre tobt in meinem Herzen

* Gott der Zerstörung

Eifersucht

He-ya, yo o we yo*!

He-ya, wär' ich die Wespe
Deren Flug dein Finger ändert!

Wär' ich die Korallenschlange
Die vor deiner Beschwörung flieht!

Wär' ich der Berglöwe
Auf den deine Flinte zielt!

Flucht, Abwehr, Tod,
Alles nähme ich hin
Wenn es von dir kommt

Nur nicht das Gift der Eifersucht
Das meine Adern sengt
Wenn fremde Blicke dich streicheln

Yo o we yo, he-ya, he-ya!

* Ruf der Navahos

Mein Herz blüht

Während der Gott der Zerstörung schlief
Pflanzten wir in die Wüste
Die Sanduhr
Mit den goldnen Minuten.
Sie schlugen Wurzel
Und trieben die Blüten der Zeit

Die zerzauste Löwenmähne der Wüste
Flatterte im Frühlingswind.
Die Urschlange Gato Ya
In einer Hand,
In der andern den Wolkensack
Erschien Hi Canavaija*

Er öffnete den Sack
Und goß den nährenden Regen
In die saugende Erde
Und begoß in unsren Herzen
Die Samen der Liebe:
Und nun blühen wir beide das ganze Jahr

* Gott der Fruchtbarkeit

Geburt des Tränenbogens

Jetzt baut der Himmelshäuptling
Aus vielen Tränen den Regenbogen.
Er spannt das Tor aus Amethyst,
Rubin und Bernstein
Über die Wüste.
Und wir schreiten
Durch den Bogen aus Tränen,
Die die Liebenden der Welt geweint.

Wann wird der Himmelshäuptling
Die unsren sammeln?
Unsre Herzen beben,
Sie schlagen den Takt
Zum Öffnen und Schließen
Der Tore deiner Augenlider
Aus denen Tropfen der Demut träufeln:
In den Farben des Regenbogens.

Gebet um Fruchtbarkeit

Lo, die Schlangen kommen:
Ihr Zorn ist gelb und schwarz
Wie der Wutausbruch
Des Donnergottes.
Ihre Klappern tönen
Wie die Rasseln des Windgeistes.

Lo, die Schlangen kommen:
Streichelt sie sanft
Mit Peitschen aus Adlerfedern –
Schon sieht man die Spiralen ihrer Leiber
Auf der Leinwand des Sandes.
Der Regen wird sie nachzeichnen.

Der Maler Regen wird kommen,
Der lang Erflehte,
Und mit ihm die Üppigkeit.
Die leidenschaftliche Sonne
Wird die Kolben des Mais küssen:
Das goldne Geschlecht
Der Götter der Fruchtbarkeit.

Und du und ich
Wir werden knien im Maisfeld
Um Nachkommen bittend,
Die die Juwelen deiner Augen tragen,
Die süßen Augen des Rehs:
O scheues Wild der Prärie,
Das vor dem Jäger nicht mehr flieht.

Brautgabe

Zur Hochzeit, zur Hochzeit
Drück ich in dein Haar
Eine Krone aus Schmetterlingen
Die Flügel von Göttern bemalt

Kürbisblüten aus Silber
Die Zierlichsten des Pueblos
Von mir geschmiedet
Wirst du um den Hals tragen

Das schönste Türkispferd
Aus den glückbringendsten Steinen
Gestanzt, belebt von meiner Liebe,
Wirst du reiten

Und vor deine Füße leg ich
Den Rubin meines Herzens:
In seinen Millionen Bluttropfen
Kreist das Feuer meiner Leidenschaft

Liebesnacht

Hu-hu, e hu tha!

Der gehörnte Uhu hat gerufen
Er bedient sich der Stille der Nacht
Um das Weibchen zu locken

Von weither hört man·
Die Schreie des roten Mohns
Der sich öffnen möchte

Er seufzt wie du
Blume der Wüste
Wenn du dich dem Geliebten auftust

Blutend wie der Mohn,
Klagend wie seine Blüten
Deren Schrei die Scham erstickt

Hu-hu, e hu tha!
Der gehörnte Uhu ruft.

Trauerlied

O we yo! O we yo!
Wie die Sahuaros*
Ringe ich meine Arme
Nach allen Seiten

Meine Gitarre,
Die meine Liebe sang,
Ist zersprungen
Von zuviel Schmerz

Alle Blumen welken –
Vor meiner Hütte
Wächst nur noch schwarzer Mais
Denn in meinem Herzen ist Winter

Verdunkelt ist die Welt
Von den Fittichen
Der Traueradler
Die Sonnenfinsternis hört nie mehr auf

Sehnsucht nagt an mir
Wie ein blauer Häher:
Meine junge Liebe
Legten sie gestern in ein altes Grab

O we yo! O we yo!

* Wüstenkaktus

Klagelied

Nei-ji-ba
Wo sind jetzt deine Augen
In denen ich vom Ursprung
Von der Mitte der Welt
Von den Visionen
Des Wakan Tanka las?

Wo ist dein Mund
Der meinen Namen formte
– Süßer als die Spottdrossel –:
Hashk'aan, Hashk'aan?

Wo sind die Muscheln
Deiner kleinen Ohren
Zierliche Trichter
In die ich süße Schwüre schüttete?

Wo ist deiner schnellen Zehen
Leises Lied?
Rührender als das der Kaktusblumen
Wenn der spielende Wind
Ihre dornigen Saiten zupft?

Wo sind die Schlangen deiner langen Zöpfe
Blauer als die Blüten
Des Yaccarandabaumes
Blauer als der Blauhäher Federn
Blauer als der Traum?

Noch bleibt mir der Teppich
In den du das Bild
Unsres Glückes gewebt
Ai-ya, Ai-ya! Schon fressen
Hungrige Motten an ihm

Hashk'aan hört nur noch
Das Heulen des Kojoten
Den gierigen Lauf der Ameisen
Das häßliche Zirpen der Zikaden
Das Zischen der Korallenschlange

Vorbei die Sturzflut meines Herzens
Das mächtiger rauschte als der Rio Grande
Schneller als der Colorado ...
Mein Atem geht im Rhythmus meiner Klage:
Ai-ya, Ai-ya, Ai-ya!
Bald endet auch er

Das tätowierte Herz

Dein Häuptling war ich einst
Vom Sturm meines Blutes
Rauschten die Adlerfedern meines Kopfschmucks

Schwarz von der Zeichnung meiner Tränen
Ist mein Kleid aus weißem Bocksfell –
Nicht mehr blendet es meine Feinde

Mein Schild schleift die Prärie
Um meine Mokassins
Zieht die Königsschlange ihre Kreise

Mein Pferd geht wohin es will
Es tanzt um die Lupinen
Ein Ballett der Trauer

Immer hock' ich mit gekreuzten Beinen
Und starre ins Mondantlitz
Das einst deine Blicke bestrahlten

Ahi! Mutter Ya-ya
– Schöpferin des Guten –
Tod hat mein Herz tätowiert

Hilf mir den Sternenweg finden
Tief hinter den Wolken
Den Weg zu Nei-ji-ba

Unsichtbare Tränen

Nei-ji-ba
Bald wirst du nichts mehr sein
Als Staub der Wüste
Als Dunst der Nebelbäume
Zermahlen zu Mehl
Wie die Muscheln von einst
Da sich das Meer zurückzog

Mein Gesicht ist aus Stein
Keiner kann sich rühmen
Hashk'aans Tränen zu sehen
Und doch ist die Wüste
Von Chihuahuan
Von Mohawe und Sonoran
Nicht öder denn meine Seele

Wie fürcht' ich jetzt
Das Stampfen des Pazifikzuges
Wenn von seiner Eile die Mesa* zittert
Unser silberner Hochzeitszug
Sollte er sein, Nei-ji-ba,
Wie Pfeile bohren sich seine Pfiffe
In mein durchlöchertes Herz

* Hochebene

Sternenritt

Ai! Warum haben mich die Väter gefeit
Gegen den Biß der Tarantel
Gegen die Fänge der Klapperschlange
Gegen den Stachel des Skorpions
Gegen das Gift der Schwarzen Witwe*?

Umsonst halt' ich ihnen die Hände hin:
Kein Tier schenkt Hashk'aan den Tod.
Vom Medizinmann
Werd ich Peyote kaufen,
Mich betäuben, vergessen wer ich bin.

Gegen mein Halsband aus Bärenklauen
Gegen mein Kleid aus Büffelfell
Will ich vernichtende Kräuter tauschen.
Zu deinen Sternen werd' ich reiten,
Nei-ji-ba, zu dir!

* Todbringende Spinne

*Beh – Nah Na – Zuhn**

Unter dem Jojobabaum
Wartete ich auf dich – wie gestern
Wartete auf das leise Rauschen
Deiner beperlten Mokassins

Wartete auf die blendenden Strahlen
Deines silbernen Conchogürtels
Auf das lachende Leuchten
Der Türkise deiner Halsketten

Ahi, das Blau der Steine welkte
Schwarz ist das Silber deines Gürtels
Asche deckt die Dünen der Wüste
Trauerschleier trägt die Sonne

Wenn die Yucca Früchte tragen darf
Wirst du nicht davon essen, Nei-ji-ba
Nie wieder beugt sich deine Gestalt
Über den runden Ofen aus Lehm

Leergebrannt
Steht er vor deinem Haus
Deine Hand füllt ihn nicht mehr
Mit der Sonne goldner Brote

Beh-Nah Na-Zuhn,
Nie wieder, nie wieder
Blüht der Jojobabusch
Unter deinem strahlenden Blick

* Süße Augen

Der kranke Geist

Meine Gebetfedern
Liegen verstreut auf der Erde.
Sayatasha,
Der Regengott des Nordens,
Wartet umsonst auf mein Gebet.

Ich vergaß die dunkle Frau des Nadir
Und die zarte gelbe des Zenit.
Auch dem schmalen Abgesandten
Des Sonnengotts, dem Feuerboten,
Shulawiti, blieb ich den Rauch
Der Huldigung schuldig.

Blind geh ich durch den Tag
Und die brennende Fackel
Aus Zedernholz
Macht mich nicht sehend.
Bin ich vielleicht schon ein Geist?

In loderndem Feuer
Bade ich mein Gesicht
Wasche ich meine Hände
Um den vergifteten Pfeil nicht zu spüren,
Der mir im Herzen steckt.

Sandmalerei

Um mich zu heilen
Malte der Medizinmann
Deine Gestalt in die Wüste:
Mit blauem Sand deine Augen
Mit rotem Sand deinen Mund
Mit schwarzem Sand dein Haar
Mit weißem Sand meine Tränen

Er malte den ganzen Tag.
Wie eine Göttin wuchsest du
Auf der gewaltigen gelben Leinwand.
Am Abend entführte der Wind
Deinen bunten Schatten.
Gehorsam dem Gesetz blieb nichts übrig,
Nichts als meiner Tränen Symbol: weißer Sand

*Ich warte auf Yeibitchai**

Rabenfedern kleiden mich besser
Als die des Adlers
Ich tauge nicht mehr zum Häuptling.
Des Büffels Hörner
Hab ich vergraben:
Wozu noch Erfolg, den sie sichern?
Meine Herde hab ich verschenkt
Meiner Väter Totem
fressen die Termiten.
Den Kiefer der Klapperschlange
Mit seiner magischen Macht
Gab ich dem Bruder.

Gekleidet in Rabenfedern
– Den Köcher neben mir –
Warte ich auf Yeibitchai.
Wenn sein Pfeil mich trifft
Wird meine Seele blau.
Und er wird zu mir sprechen,
Sein Mund wird mir offenbaren
Welcher Wolke ich folgen soll
Um das große Geheimnis zu finden:
Den himmlischen Kogan,
Unser dauerndes Heim,
Nei-ji-ba.

* Der sprechende Gott

Die roten Künstler Nordamerikas

Ich fuhr nach Gallup in Neu-Mexiko. Dort kommen alljährlich die Nijinskys der roten Rasse zusammen, um acht Tage lang ihre Zeremonientänze vorzuführen.

Der Weg führte an mehreren Pueblos vorbei, wie die Siedlungen der Indianer heißen: an den Isleta-, Laguna-, Acoma- und Zuni-Pueblos. Alle diese Dörfer sind von einer tragischen Armut. Die aneinanderklebenden, gellendweißen Kuben der Häuser rösten in der Sonne. Mittels einer Leiter, die außen an jeder Hauswand lehnt, steigt man in die kahlen Räume hinein. Sie enthalten weder Bett, noch Tisch oder Stuhl. Vielleicht eine Matte und einen handgewebten Schal an der Wand, die auch mit rotem Pfeffer, getrocknetem Fleisch und rotem, grünem, blauem und schwarzem Mais behängt ist.

Ein Bürger unsrer Welt würde sagen: die Häuser sind leer. Und doch sind sie – vielleicht nicht jedem Auge sichtbar – mit Gegenständen aus einer kostbaren Materie möbliert: dem Traum.

Vor diesem oder jenem unwirklichen Haus sitzt eine ausgedörrte, uralte Indianerin vor ihrem hohen Webstuhl, in dessen schon fast vollendetem Teppich ein formen- und farbentrunkenes Gemälde verewigt ist. Oder ein Häuptling, mit dem Stirnband über der Simpelfranse und dem Zöpfchen im Nacken, hämmert einen Silberschmuck zurecht oder feilt an einem von magischen Adern durchzuckten Türkis. Ein halbverhungerter Maulesel wirft einen violetten Schatten in den hellen Sand. Er steht da in biblischer Ergebenheit und erwartet das Ende der Sonnenqual. Ein stolzes blauhaariges Mädchen schreitet, einen Krug auf dem Kopf, zu welchem Brunnen?

Dicht vor jedem Haus steht der runde archaische Erdofen, in dem das Brot gebacken wird. Und plötzlich ist es, als wäre man verzaubert, als habe der Fuß in der Erde Wurzel geschlagen. Gefangen von einem Lied, verhext von einer Stimme wie im Märchen, kann man nicht mehr vor oder zurück. Man ist nur noch Ohr, rauschende, trunkene Muschel. Vergebens versucht man die Worte zu erfassen. Aber es hilft nichts, daß man die Idiome etwas studiert, ein paar Sätze gelernt hat! Man erkennt nicht einmal, ob diese Worte atapaskisch oder irokesisch, Mohawk, Penuti oder Omaha sind.

Wozu auch noch etwas erkennen wollen, da das Ich nicht mehr existiert, da es wieder eins geworden ist mit dem All. Um der Süßigkeit dieser Töne willen hat man Gestern und Morgen vergessen. Ist dies das Nirwana? Warum dann zittert etwas in einem, zittert, daß diese Glückseligkeit zu Ende gehen, daß diese verwunschenen Töne aufhören könnten?

Ach, da ist es wieder, das beizende Schweigen, die siedende Stille der Wüste! Wie sie sticht, verätzt, schmerzt! Wirklich, man empfindet den Übergang vom Gesang zur Pause als einen heftigen körperlichen Schmerz.

Aus einer Narkose erwacht, torkelt man. Langsam, wie mit der Zeitlupe zusammengesetzt, baut sich in der Seh-Linse wieder das Dorf auf, von Geröll und Sandsteinfelsen umgeben, und blendet das Auge mit seiner grausamen Nacktheit.

Als der große Schriftsteller David Herbert Lawrence die amerikanischen Indianer zum erstenmal singen hörte, war er auf immer der indianischen Welt verfallen. Er ließ sich tief im Herzen von Neu-Mexiko, in Taos, nieder, und von allen seinen Reisen trieb es ihn und seine Frau immer wieder nach Taos zurück.

Schon während des Tages üben die gesungenen Dichtungen

der Indianer einen hypnotischen Reiz auf den Zuhörer aus. Aber der Weiße, der sie erst zur Nacht singen hörte, in irgendeiner zeitlosen Landschaft der Wüste, die von den Schatten der Kaktusbäume wie von schwarzen, drohenden Palisaden umgeben ist, kehrt verwandelt aus diesem Abenteuer zurück. Da sitzen sie in antiker Pose um ein kunstvolles Feuer, die verkörperte Poesie. Ja, hier hat die Dichtung menschliche Form angenommen. Jeder Indianer, ohne Ausnahme, gibt sich ihr hin, während sich bei uns nur eine Minderheit an der Dichtung begeistert.

Das Feuer lodert hinauf zum Firmament, das so rein ist, so nah, daß man fürchtet, die Flammen könnten die Riesensterne, die diese Durchsichtigkeit der Atmosphäre in Greifweite gebracht zu haben scheint, versengen.

Die Trommel der Zunis begleitet einen melancholisch-feierlichen Rhythmus. Sie rufen die Mondgöttin an. Von dem musikalischen Thema getragen, wird der dichterische Gedanke variiert, skandiert, durch die Wiederholung unterstrichen. Die Wiederholung, der Refrain, findet sich in den Gesängen aller Stämme. Er ist das kunstvolle Echo der Klage- und Liebeslieder. Mag das Lied nun beschreiben oder erzählen, schluchzen oder ekstatisch jubeln, immer findet es sein Gleichmaß wieder im Refrain, der vielfach aus einer Anhäufung von wohltönenden Vokabeln und Vokalen besteht.

Hier ein Tanzlied:

Kive - hiu - wha - ni - ho
    Ya hi ye
Kshi - te - ka - mo - tik'lo
    Ya hi ye
Pilsh - kive - sis - tok'lo
    Ya hi ye
Twa, twa, twa, twa, twa!

Die rituellen Zahlen Vier und Sieben spielen eine große Rolle in der Anzahl der Verse und Wiederholungen. Da der Indianer glaubt, daß das Weltall in vier Teile geteilt ist, bestehen seine religiösen Tanzgesänge meist aus vier Strophen und vier Wiederholungen.

Manche Oden sind sehr lang. Das »Nachtlied« der Navahos zum Beispiel hat hundert Zeilen. Diese größeren Gesänge haben Einleitungen und Endreime, die in jeder Strophe wiederkehren. Was man zuerst für Monotonie halten möchte, reißt nach und nach wie eine Fuge, wie ein Kanon mit sich fort. Kurze Gedichte entsprechen dem lyrischen Temperament des Indianers am besten. In manchen Lied-Gedichten fällt der scharfe Wechsel des Rhythmus auf. Er ist gewollt und soll die Kontraste besonders unterstreichen. Da die Sänger mit Händen, Füßen und Stimmen mehrere Rhythmen gleichzeitig beherrschen, sind die Melodien synkopiert. Zuweilen auch sind sie von den Melodien und Kadenzen, die die spanischen Conquistadores mit sich brachten, beeinflußt.

Das Liebeslied ist verhalten, scheu, fast unerotisch, und immer ist die Natur, die große Göttin des roten Mannes, in die Liebesklage einbezogen.

Die Indianer küssen sich nicht und zeigen Gefühle nie in der Öffentlichkeit. Alle Emotionen werden in Kunst umgesetzt. Und diese Kunst ist der einzige Reichtum des Indianers in dem unfruchtbaren Land, das ihm als Reservationsbezirk zugewiesen wurde. Die Flucht in die transzendente Welt ist für ihn der beste Trost in seiner Armut. Er merkt gar nicht, wie arm er ist. Seine Bedürfnisse sind nicht die des weißen Mannes. Sie sind dem Irdischen nahezu entrückt. Der Weiße würde sich empören, wenn er kaum etwas zu essen hätte. Der Indianer begnügt sich mit einem Minimum: ein wenig Mais oder ein paar Heuschrecken. Was er eben an Insekten findet. Denn er muß sich leider enthalten, das Fleisch des großen

Jack-Hasen, des Tieres, das ihm am häufigsten vor den Flintenlauf kommt, zu essen. Diese vierfüßige Plage der Wüste schützt sich vor dem Jäger durch eine Art Leberkrankheit. Wer sich an diesem Wildbret gütlich tut, kann sich tödlich vergiften. So heißt es eben, sich mit einem Nichts begnügen. Was sollte wohl auch in dieser Dürre wachsen? Ein paar Kürbisse vielleicht, einige kümmerliche Salatstauden. Der rote Mann zählt diese Stauden nicht. Sieht er sie überhaupt? Er ist zu weise, um die Wirklichkeit zu sehen. Er sitzt und träumt.

Als die ersten Rothäute vor mehr als 10 000 Jahren über die Beringstraße nach Alaska einwanderten, brachten sie wohl die asiatische Wunschlosigkeit mit. Auf inneren, nicht äußeren Besitz kommt es ihnen an. Deshalb auch trennen sie sich nur ungern von dieser sterilen Heimat. Sobald sie in der Stadt sind, werden sie melancholisch, ergreift sie das Heimweh. Sie müssen zurück. Sie haben die atemraubende, unbeschreibliche Schönheit der Wüste im Blut. Sie sind verliebt in sie. Sie können nicht ohne sie leben. Und sie haben recht. Die Sanddünen vibrieren unter der Berührung des Windes. Zart und geisterhaft heben sich die Nebelbäume gegen die Unendlichkeit der Ferne ab. Die unzähligen Variationen des Kaktus mit ihren Gittern aus Stacheldraht sehen aus wie uneinnehmbare Festungen. Um diese Gitter blüht es golden, violett, kupferrot, blau und weiß: die Blumen des Kaktus. Das spanische Bajonett hält seine silberweiße, blühende Liebeswaffe einladend den Insekten entgegen. Hie und da wirft eine Josuapalme ihre Arme verzweifelt in die Luft gleich einer expressionistischen Tänzerin. Der Sahuaro, ein Riesenkaktus, droht mit seinen hohen, stachligen Knüppeln.
Und plötzlich kommt Leben in die grüne Architektur von Säulen- und Schlangenkaktus. Schon kann man das Spektrum des Regenbogenkaktus unterscheiden, denn jetzt, im

Morgendämmern, bereitet sich ein Schauspiel vor, dessen Zauber und Größe einem die Mystik und Symbolik der Indianer, ihre Mythologie, ihre Erd- und Götterverbundenheit deutet. Ein Schauspiel, das einem erklärt, warum sich die Navaho-Magier Hände und Gesicht in Feuer baden: der Sonnenaufgang.

Kein Naturereignis kann tiefer erschüttern als dieses. Schon lecken die ersten Sonnenstrahlen die in der Wüste versprengten Sandsteinfelsen: rosa, karmin, heliotrop und veilchenblau leuchten sie auf.

Der Mohn, der gerade blüht, schreit in allen Tönen. Und der Sand beginnt zu leben wie das Meer, von dem er einst ein Teil war. Seine Wellen gehen auf und ab. Es gibt keine Nuance des Pastells, die er nicht aufzuweisen hätte. Nicht umsonst heißt ein Teil dieser Landschaft »Die gemalte Wüste«. Ein überirdischer Künstler hat hier den Pinsel gehandhabt. Der Boden ist überall mit den Büschen des Ocotillo besteckt, dessen feuerrote Blüten zu brennen scheinen. Die abenteuerlichen Formen der Felsen recken der Sonne ihre wilde Architektur entgegen. Sie sind freilich nur die kleinen Vettern des großen Canyon, der ein paar Stunden weiter entfernt liegt und durch den sich – zischend wie eine gelbe Schlange – der schwefelfarbene, zornige Colorado windet. Dort unten, in den fast unzugänglichen Klippen, leben Indianer – in dem gewaltigsten Abgrund der Welt – 1630 Meter tief –, an dem die Natur neun Millionen Jahre gebaut und die kühnsten Paläste, Türme, Dome und Tempel errichtet hat. Dort sah ich die erste Indianermutter in der traditionellen Samttunik, behängt mit Silber- und Türkisschmuck, mit ihrem Säugling sitzen. Er war von oben bis unten mit kunstvoll gekreuzten Schnüren an ein Brett angeschnallt. Beinahe gefesselt, denn auch die Ärmchen konnten sich nicht rühren. Und die junge Mutter hatte dieselbe Unbeweglichkeit, als wäre auch sie mit unsichtbaren

Stricken gefesselt. Diese Starrheit ist allen Indianern eigen. Überall stehen sie, die Schultern von selbstgewebten, bunten Wolldecken umhüllt, wie Karyatiden an die Hausmauern in Gallup oder anderen Wüstenstädten gelehnt, und sehen hochmütig, mit einem beinahe verächtlichen Humor, durch die Weißen hindurch.
Auch in ihren alljährlichen Zeremonien sind sie immer verhalten. Selbst die wildesten Tänze wirken übergeschlechtlich. Obgleich durch das Instrument des Körpers ausgedrückt, soll dieser ein Symbol, einen Seelenzustand deutlich machen.
Die Tänze der afrikanischen Neger und die der Indianer sind einander diametral entgegengesetzt. Jene sind von primitiver Erdhaftigkeit, diese aber spirituell, entmaterialisiert. Da der Indianer immer, auch im alltäglichen Leben, eine Art Maske trägt, versteckt er seine Emotionen auch in der Kunst. Seine Liebestänze sind fast scheu, verhalten, wie seine Liebeslieder. Meist verbirgt sich die Person des Tänzers hinter der Unpersönlichkeit der Maske, der Katschina. Diese repräsentiert Wolken-, Wind-, Regen- oder Sonnengeister. Es gibt ungefähr 500 solcher Geister. Sie leben, dem Glauben der Stämme zufolge, in der Nähe ihrer Dörfer in heiligen Schreinen.
Der Tänzer, der mit der Maske angetan solch einen Katschinageist darstellt, verwandelt sich während des Tanzes in ein übernatürliches Wesen. Überall in der Welt glauben die Eingeborenen an die Macht der Maske und des Totems. Jeder Stamm war einmal, in der Urzeit, an den Geist einer Tierart gebunden, den er noch heute verehrt. So ist zum Beispiel den Apachen der Genuß von Fisch und wildem Truthahn verboten, denn diese sind seit Generationen »Tabu«. Die phantastisch bemalten Totempfahle, gewöhnlich in das rote Holz der Riesenzeder geschnitzt und vor der Kiwa, dem geweihten Versammlungsraum der Männer, aufgepflanzt, sind mit ih-

ren diabolischen Dämonenmasken und Tierfratzen Kunstwerke von monumentaler und dramatischer Schönheit.
Die Katschinas werden nicht nur in gigantischer Übergröße hergestellt, sondern auch als Spielzeug für Kinder. Vielfach sind die Masken asymmetrisch. So hat zum Beispiel die Maske der Shalakozeremonie der Zunis zweierlei Augen: ein kleines, durch einen kurzen weißen Strich ausgedrückt, und ein großes, durch einen langen, über das Ohr hinausreichenden Strich symbolisiert. Das kleine Auge bringt bösen Menschen, Zauberern und Hexen ein kurzes Leben. Das große Auge hingegen wacht über die Guten und bedeutet Langlebigkeit.
Die Zunis tragen zum Shalakotanz bis zu neun Fuß hohe, mit Federn geschmückte Masken. Der in Gallup vorgeführte Tanz ist nur eine Miniaturausgabe der mehrere Monate dauernden Shalakozeremonie, die sich in den Pueblos der Zunis abspielt. Schon im Januar werden dort »Gebetsfedern« in die Erde gepflanzt und Zederfeuer unterhalten. Sie brennen für die sechs Shalakogottheiten, für die alljährlich sechs neue Häuser gebaut werden, die sechzig Fuß lang und sehr hoch sein müssen, damit die Riesenmasken der die Götter personifizierenden Träger die Räume betreten können. Der junge Feuergott (gewöhnlich ein zehnjähriger Häuptlingssohn) entzündet das Opferfeuer mit einem Zederzweig. In allen diesen Monaten pilgert man zu geweihten Schreinen. Selbst wer bei den Weißen arbeitet, stiehlt sich zu bestimmten Stunden weg und verrichtet die vorgeschriebenen Riten. Wie sollten Regen- und Erntegötter, wenn ihre Ankunft endlich dem Dorf verkündet wird, solchem lyrischen Spiel nicht wohlgesinnt sein?
Alle Tänze haben einen tieferen kosmischen Sinn. Schon ihre poetischen Namen deuten darauf hin: Kolibri- und Eulentanz, Schneevogeltanz, Erd- und Schmetterlingstanz, Korn-

und Jagdtanz, Pfeil- und Bogentanz, Pferdeschwanztanz, Trommel- und Skalptanz.
Virtuosität wechselt mit archaischen Gesten. Der Teufels- oder Kronentanz der Apachen, an dem auch Kinder, wahre Ballettstars, teilnehmen, ist, was Farben, Rhythmus und Choreographie anbelangt, von berückender Schönheit. Die Tänzer tragen bunte Federröcke, und von ihren an die griechische Form erinnernden Federhelmen wehen hinten bis auf den Boden reichende Feder-Hahnenkämme herab. Im Rükken und an den Oberarmen sind in allen Tönen leuchtende, riesige Federschilde angeschnallt. Eine Federorgie. Der Tanz ist von wilder Besessenheit. Teufel kämpfen mit den gekrönten Berggöttern, die von so gewaltigen Gipfeln herunterstiegen, daß sich Sterne in ihren Kronen verfingen und auf ihrer nackten Brust hängenblieben. Diese gemalten Sterne bringen der Sage nach dem Stamm Glück bei Heiraten und Geburten. Der noch vor fünfzig Jahren von der Regierung als »heidnisch« gebrandmarkte und mit dem Tode bestrafte Sonnentanz dauert vier Tage und Nächte. Kein Teilnehmer darf während dieser Zeit essen oder trinken.
Außer der Sonne werden andere Mächte – Erde, Wolken, Donner, Sterne und die vier Himmelsrichtungen – in Tanz, Gesang und Bemalung der Körper versinnbildlicht. Für die Tänzer lebt die Mutter Erde unter ihren Füßen. Sie streicheln und liebkosen sie mit ihren Zehen. Es ist ihr Land, ihr heiliges Land, dessen Verkauf einst der berühmte Cherokee-Häuptling Tecumseh mit den Worten verweigerte: »Das Land verkaufen! Ebensogut könnte man Luft und Wasser verkaufen: Der Große Geist gab das Land allen, ohne Unterschied!«
Lieder an den Sonnengott begleiten den Sonnentanz: Der Sonnenruf, das Lied vom Knaben Morgenrot, der Gesang vom ersten Tageslicht und andere mehr. Von Urbeginn an war die Sonne das göttliche Symbol der Menschen. Vom

ägyptischen Osiris, über den griechischen Apollo bis zu den Inkas und Azteken regierte der Sonnenkult die Welt. Das Phänomen von Sonnenauf- und -untergang ließ auch den Primitiven nicht ohne Erschütterung.
Die christlich-judäische Mystik erfand die Engel des Lichts und der Finsternis. Der heilige Franziskus nannte die Sonne (männlich im Italienischen) seinen Bruder. Und erst unser Jahrhundert hat den Sonnengott von seinem goldenen Thron gestürzt und sein Königreich in Atome und Helium aufgelöst. Aber für die Indianer ist die Sonne nach wie vor ein Symbol der Verschmelzung mit dem Universum, und sie huldigen ihr in allen Künsten und besonders im Tanz.
Ich habe in Gallup sechzig verschiedene Stämme, 50 000 Indianer, tanzen sehen. Die meisten Tänze drückten eine tiefe Naturverbundenheit aus. Der Regentanz feiert den allmächtigen Ordner der Regenwolken, Hi Canavaija, und der Schlangentanz ist der göttlichen Urschlange, Gato Ya, geweiht. Dieser Klapperschlangentanz der Hopis ist schauerlich-schön. Die Priester fangen die todbringende Schlange, der Vorschrift nach, in den vier Windrichtungen. Sie verfolgen ihre Spuren im Sand. Wenn eine Schlange, zum Knäuel gerollt, angriffsbereit daliegt, beschwört sie der Priester und bläst Tabakrauch über sie hin, um sie zu besänftigen. Sobald sie sich entrollt hat, packt er sie hinterm Kopf und trägt sie in den Zeremonienraum, die Kiwa. Die Priester, so sagt man, betrachten sich als die Brüder der Schlangen und behandeln sie mit großem Respekt. Erkenntlich für diese Anbetung, beherrscht sich die Schlange und beißt sie nicht. Wer aber einmal der Gefangennahme einer dieser bösen Ottern beigewohnt und ihren rasenden elementaren Zorn, ihr schreckliches Zischen, das Zeigen der Fänge und das Rasseln der Klapperringe des drohend erhobenen Schwanzes erlebt hat, steht etwas skeptisch der sogenannten Zähmung dieses

furchtbaren Feindes gegenüber. Man möchte viel eher dem Gerücht Glauben schenken, demzufolge die Hopis die Schlangen, deren Fänge sie aus religiösen Gründen nicht entfernen dürfen, so lange mit Peitschen aus Adlerfedern herausfordern, bis die Tiere in zahlreichen Fehlbissen all ihr Gift verspritzt haben.

Zart hält der Tänzer die sich ihm wild um Hals und Arme schlingende Schlange zwischen den Lippen, denn mit den Zähnen darf er sie nicht berühren. Nach der Zeremonie geben die Hopis den Schlangen ihre Freiheit zurück, damit diese ihre Botschaft, gewöhnlich die Bitte um Erntesegen oder Regen, ins Erdinnere, den Sitz von Gato Ya, zurückbringen.

Der Adlertanz, zu dem Masken mit großen Schnäbeln und weitgespreizten Flügeln getragen werden, symbolisiert den Flug des Geistes. Der Büffeltanz, den Männer mit gehörnten Büffelköpfen tanzen, bringt das spirituelle Drama der gewaltigen körperlichen Materie gegenüber zum Ausdruck.

Die rituellen Tänze vererben sich, ebenso wie die Legenden und Lieder, von Geschlecht zu Geschlecht. Da ist die aus fernsten Jahrhunderten überlieferte Legende, die auf die authentischen Gebräuche der Mayas zurückgeht, die Legende der unbefleckten Jungfrau. Sie wurde lebendig in einem kolossalen Baumstumpf begraben, um durch ihren Tod ihr Volk zu entsühnen und zu reinigen. Um dieses seltsame Grab versammelt, sangen die Stammgenossen: »Heil Dir, Sykomore, die Gott einschließt!« Die pflanzlichen Kräfte der Jungfrau wurden entkörpert, metamorphosiert, totemisiert, das heißt, verewigt und in Religion verwandelt.

Oder jene jüngere Legende von Minnehaha, der Tochter eines Dakotahäuptlings, die – in Leidenschaft einem Weißen verfallen – in einen Wasserfall bei Minneapolis verwandelt wurde.

Die Dichtung der Indianer besteht fast ausschließlich aus

Liedern. Aus weltlichen, von Menschen erfundenen und heiligen, die zart und leise gesungen werden und in Traum oder Vision von Wakan Tanka, dem großen Mysterium, eingegeben wurden. Die einen sind Anrufungen, Liebesschreie, Lieder gegen Schmerz, Gefahr, Krankheit und Tod. Dichtung ist für den Indianer der Pfad auf dem Regenbogen, auf dem die Seelen hinaufsteigen.
Die anderen aber, die heiligen Lieder, darf nur der singen, dem sie von Geistern mitgeteilt wurden, und sie sind so wertvoll, daß wer sie kennt, sie seinen Nachkommen hinterläßt wie der weiße Mann den Seinen seinen materiellen Besitz.
Die Lieder werden gesungen oder getanzt, begleitet von Trommeln, Pfeifen aus Adlerknochen, Klappern, Schnarren, Flöten und Glöckchen um die Fußgelenke. Rhythmus ist dem Indianer eingeboren. Er hat ihn den Vibrationen der Wellen, des Windes, den Melodien der Vögel, der – für uns unhörbaren – Sprache der Blumen und dem Hufschlag seines Pferdes abgelauscht.
In den hohen Sierras schlich sich ein indianischer Packer jeden Abend zu einer bestimmten Stunde weg, scharrte rhythmisch mit den Füßen und sang leise vor sich hin. Es war ein Lied, das er selbst gemacht hatte und das von ihm und seinem Weibe gesungen wurde, wenn sie voneinander getrennt waren. Wo immer auch sie waren, wandten sie sich um Sonnenuntergang der Richtung zu, in der sie einander vermuteten, und sangen sich zu.
Aber die Indianer sind nicht nur Meister in Tanz und Gesang und Dichter im Leben, sie zeigen auch in allen anderen Künsten eine hohe schöpferische Kraft. Sie waren kubistische und surrealistische Bildhauer, ohne von diesen Ismen je etwas gehört zu haben. Ihre Totems, Katschinas und Skulpturen machen großen Bildhauern wie Brancusi oder Arp Konkurrenz. Die Navahos sind berühmt für ihre Töpferarbeiten, Webe-

reien und Silberschmiedekunst. Ihre handgewebten Teppiche sind bedeutende Kunstwerke.
In ihrer Heilungszeremonie, die neun Tage dauert, dem Yei-Bei-Chai, werden einzigartige stilisierte Gemälde, die sich aus figürlichen und abstrakten Formen zusammensetzen, in die gelbe Riesenleinwand der Wüste eingelassen. Und zwar aus buntgefärbtem Sand, den der Medizinmann-Maler zwischen Daumen und Zeigefinger hält und um den auf der Erde liegenden Patienten niederrieseln läßt. Die übermodernsten Linien entstehen so, aus Sand, aus dem Nichts, und sind dazu bestimmt, wieder zu Sand zu werden. Wieder zittert man vor der Vollendung des Werkes, das in seiner Form- und Farbenschönheit an Bilder von Paul Klee und gewisse deformierte Kompositionen von Picasso erinnert. Natürlich sind es nicht die Indianer, die sich von unsren Meistern beeinflussen ließen. Sie haben deren Namen nie gehört. Die Dämmerung sinkt, und mit ihr naht die Zerstörung der herrlichen geometrischen Gebilde. Denn leider verbieten die religiösen Gesetze die Konservierung dieser ephemeren göttlichen Mal- und Zeichenkunst. Und so weht denn der Abendwind diese Gemälde wieder fort. Vom Wahnsinn des schöpferischen Ehrgeizes, der nur für den Ruhm und Nach-Ruhm lebt, ist der Indianer nicht befallen.
Die langgestreckten monumentalen Figuren und Zeichen in den Teppichen und Wandmalereien stellen Symbole dar, die seit Jahrhunderten immer dieselbe Bedeutung haben. Der Morgenstern bedeutet Führung, der Schmetterling Verwandlung in ewiges Leben, eine doppelte Wolkenleiter den Weg zum Himmel. Der Donnervogel ist der Gesandte der Götter, die Schlange steht für Herausforderung und Weisheit. Zerbrochene Pfeile meinen den Frieden, und die Kürbisblüte ist das beliebteste Symbol der Fruchtbarkeit. So beliebt, daß sie in allen Silberketten das Hauptmotiv bildet. Jede Halskette,

deren Glieder aus diesen in Silber getriebenen Blüten bestehen, deren jede einen großen Türkis hält, endet in einem riesigen glückbringenden Halbmond, der Naja. Ein Symbol, das noch auf die mongolische Abkunft der Indianer zurückzuführen ist. Je höher Rang und Würde eines Indianers, desto mehr Silberketten schmücken seine Brust, die zuweilen wie von einem Silberschild bedeckt ist. Die Türkise der Ringe sind fingergroß. Die Armreifen haben die Breite einer Hand und der sie schmückende Stein das Ausmaß einer halbierten Billardkugel. Diese Ketten werden zu hohen Preisen verkauft: zu 300, 500 Dollar und mehr. Alte Ketten sind preislos. Sie werden von Antiquaren sehr begehrt und gesucht.
In Gallup reiht sich Laden an Laden, deren Wände mit Silberketten geradezu ausgelegt sind. Die Schubladen strotzen von Türkisgeschmeide, Silbergürteln, Ohrringen und Zier-Tomahawks. Sie werden den Touristen zu Phantasiepreisen angeboten. Die jüdischen und christlichen Besitzer dieser Geschäfte erinnern sehr an die rotgeschwänzten Habichte, die hoch oben über der Wüste auf Beute lauern. Ja, leider hat der Indianer meist nichts von seinen in langen Monaten mühselig gewebten oder gestanzten Kunstwerken. Diese Tauschladen, Trading Posts genannt, haben ihm seine Arbeit noch am Webstuhl oder im silbernen Rohzustand abgekauft. Sie haben ihn und seine Familie in der Hand. Dafür gibt der Händler ihm gerade so viel Eßwaren, daß er nicht verhungert. Schließlich bringt der Indianer auch seinen Schmuck als Pfand zu den Wucherern. Die Zinsen darauf kann er bald nicht mehr zahlen, und der Schmuck verfällt. Denn er hat ein Laster von den Weißen gelernt: das Trinken. Das Feuerwasser läßt ihn für Tage und Wochen – solange das Geld reicht – den Durst der Wüste, seine Armut und seinen chronischen Ernst vergessen. Vielleicht lacht er sogar, wenn er betrunken ist? Die amerikanische Regierung versucht heute mit allen

Mitteln dieses Laster zu bekämpfen. Das Gesetz verbietet dem Indianer, Whisky zu kaufen, und auch über die Theke hinweg darf ihm kein Alkohol verabreicht werden. Aber der weiße Mann hilft ihm, die Gesetze zu übertreten.
Seit 1933, seit Amerika seine Politik den Indianern gegenüber von Grund auf geändert hat, fördert es aus allen Kräften das Festhalten der Stämme an ihren Traditionen und beschützt das schöpferische Genie der Rasse. Besondere Museen wurden für ihre Kunstwerke eröffnet, und ihre rituellen Weisen, kriegerischen Beschwörungen, Jagd- und Erntemelodien, Trauer- und Liebeslieder wurden auf Platten aufgenommen, denn bisher bestand nur orale Überlieferung. Aber trotz allen noch so energischen Bemühungen, diese Rasse zu erhalten, scheint sie doch von einem langsamen Aussterben bedroht zu sein.

Ivan und Claire Goll

Zehntausend Morgenröten

Gedichte einer Liebe

Ivan an Claire

Du bist ungreifbar
Wie ein Bach
In seinen Minzebüscheln:
Oft fröstelst du
Unter meinem Bild
Wenn ich mich über dich beuge
Die Sterne gehen auf
Wenn du mich ansiehst
Du gehörst zu mir
Wie das Auge zum Gesicht gehört
Und mit einem meiner Lieder
Auf den Lippen
Wirst du dem Tod entgegengehen ...
Aber du fliehst mich, du fliehst
Wie ein Ton meiner Mandoline
Ungreifbar
Wie die Lerche – wie die Forelle
O Traum einer Liebe!
O Liebe eines Traums!

Meine Wiese du
Mit Aprikosenlippen
Im stillen Wasser deiner Augen
Wippen zwei Bachstelzen
Und ich bade
Meine müde Seele drin

Vergißmeinnicht blühn
In deinen Grübchen
Sie gleichen dir alle wie kleine Nichten

Der Wind spielt Harfe in deinem Haar
Der ferne Angelus meiner Liebe
Tönt in deinem Herzen

Schlaf krankes Kind:
Ich will die Drehung der Erde aufhalten
Des Mondes Zahnräder ölen
Die rostig sind von deinen Tränen
Ich will den asthmatischen Wind erwürgen
Der ganz Europa aufweckt ...
Damit du schlafen kannst
Will ich die Trambahnschienen wattieren
Den Regen in Schnee verwandeln
Und jeden Morgen die Amseln morden
Deren Gesang dein Rehherz ritzen könnte:
Damit du schlafen kannst

Pünktlich wie der Arbeiter
Der beim rostigen Hahnschrei aufsteht
Ersteig ich jeden Morgen
Von allen Vögeln gefeiert
Das werdende Gerüst unserer Liebe
Wir arbeiten gemeinsam am Bau
Des edlen Tempels
Ziegel um Ziegel
Leid um Leid
Mörtel mit Tränen gerührt:
Daß eines Tages in unserem Alter
Wir still vor der Erinnerung
Und unserem eigenen Leben sitzen

Orpheus betörte die fauchenden Panther
Die samtenen Maulwürfe
Den verschämten Vogelstrauß
Die vierstöckigen Walfische
Die schüchternen Ibisse
Die naiven Eidechsen:

Aber du Gefährlichste von allen
Mit welchem Gesang
Bezwänge er dich?

Mit jeder Morgenröte kommst du mir verändert zurück
Aus den Kulissen des nächtlichen Theaters
Bist du Elf Heilige Infantin?
In deiner dunklen Seltsamkeit?

Mit welcher Waffe dir nahen Gefangene?
Wirst du aus einer Drehtür schreiten
Aus einem versunkenen Schloß? Aus einem Sturm
Oder einer Straße voll quälender Umwege?

Welche Feuersbrunst hat deine Locken zerzaust
Welcher Gott dir das Stichwort zugeflüstert?
Du singst auf toskanisch du riechst nach Brand

Du kehrst mir wieder verirrt verstört
Mit der Maske eines Lächelns und – schlecht versteckt –
Unter dem Purpur des Mantels einen Engelsflügel

Allen Bäumen der Wälder der Obsthaine und Ebenen
Dem Baobab dem erhabenen Ahnherrn mit dem
Lianenbart
Der Eiche dem alten Königspalast der Adler
Dem Mandelbaum mit dem rosa Hut
Dem unkeuschen Zitronenbäumchen in Blume und
Frucht verliebt
Der Weide die noch immer in tragische Seen weint
Dem Palmenritter mit dem zarten Herzen unter der
Rüstung
Der Tanne, die uns den Schnee des Vergessens bewahrt
Der kränklichen Linde im Hof der Armen
Und der asketischen Zypresse mit den Lastern der
Schlangen

Allen Bäumen der Wälder der Obsthaine und der
Ebenen
Ziehe ich den Baum des Rauches vor
Mit dem Blattwerk aus Ebenholz
Dessen flüchtige Vision wir am Abend
Auf das Dach des Nachbars pflanzen
Baum der steigt mit uns steigt in die Sphären
Und uns von oben die Mangofrucht unsrer Träume
zuwirft

Der Flieder färbt im Regen ab
Und die Vergißmeinnicht verlieren ihre Augen
Beim Suchen nach Liebe
Verzweifelt kehren die Vögel heim
Weil das Morgenrot falsches Gold war
Ein Gewitter sprengt mit Dynamit den Himmel
Und torkelnd rollt die Erde fort:
Wo soll ich ruhn?

Ich hatte ein so stilles Herz
Verschlossen wie eine Auster:
Öffnend hast du es zerrissen

Da ich weiß daß dein Lockenkopf
Nicht länger blühen wird
Als des Apfelbaums weißer Traum
Da ich weiß daß der rote Vogel deines Mundes
Eines Tages schweigen und seinen Atem
Mit einem letzten Lied verlieren wird ...
Du die du nichts als ein Mondstrahl bist
Zur Frau geworden um mich zu lieben
Du die du nichts als ein Seufzer bist
Bald verwandelt in zu frühes Bedauern:
Wie fände ich je die Zeit
Zu arbeiten andern Ruhm zu wollen
Als deine Blicke zu wägen
Als deinen Atem zu spüren
Als zu lächeln vor Glück!

Dein Lächeln ist
Auf meine Wangen tätowiert

Geformt nach deinen Küssen
Ist mein Mund

Die Säure deiner Tränen
Befleckte meine Hände

Deine unvergänglichen Briefe
Weiten meine Taschen

So bin ich geschützt
Gegen fremde Blicke

Und fürchtest doch
Daß andre Frauen mich ansehn?

Die andern waren große wandelnde Tragödien
Sie waren nachdenkliche Wolken
Sie waren der Traum in der Scheibe des Zugs
Sie waren Schnee der in der warmen Hand schmilzt
Sie waren schlankgewachsene Rosenstöcke
Sie waren arme Regenabende
Sie waren aus Rußland oder Brasilien
Die andern ...

Aber du
Dich kenne ich nicht
Ich kann nichts von dir sagen:
Ich liebe ich!

Dreißig Jahre
Hab ich gewartet
Um dich am Himmel vorüberziehen
Und die Sonne verdunkeln zu sehen

In städtischen Gärten
Hab ich gewartet
Hinter eisernen Büschen
Eine vergebliche Jugend lang

An jeder Haltestelle
Sprang ich in den Autobus
Hoffend dein Lächeln zu überraschen
Und wohnte in möblierten Hotels
Um in blinden Spiegeln dein Profil zu finden

Dreißig Jahre
Hab ich an Flüssen
Den weißen Schiffen gewinkt
Von Bergen das Dach deines Hauses gesucht

Dreißig verregnete Herbste
Hab ich gewartet
Mein Haar lichtet sich
Mein Augenlicht läßt nach

Komm schnell!
Denn heute wenn du nicht pünktlich bist
Warte ich nur noch bis zur nächsten Tram!

Deine Augen überall: in den reifen Früchten
Des Baumes der Erkenntnis

Deine Augen sehender
Als die der blinden Sphinx

Deine bitteren Mandelaugen
Mit dem sinnlichen Aprikosenherzen

Deine Fabelaugen
Den Tibetziegen gestohlen

Deine Augen unter jedem Lid
Der Rosen Frankreichs

Deine Augen im Rad des Pfauen
In den Schuppen des Karpfens

Deine grünen Diskusse
Auf der Landstraße der Katastrophen

Deine Augen aus Gin
Die ich bis zur Umnachtung trinke

Deine Augen aus Sternen
Die das Paar des Algoll bilden

Deine Mittelmeeraugen
Auf deren Grund mein Leichnam lacht

Ich seh dein Haupt:
Eine rote Dahlie
Auf der Wirbelsäule schaukelnd

Ich küsse jede deiner Falten
Ich zähle jedes deiner Haare
Und kenne das Sternsystem deiner Sommersprossen

Und doch: wie wenig ahne ich von dir!
Was weiß ich von den heißen Stürmen
Tief in den Schluchten deines Bluts?
Was von dem überirdischen Entzücken
Wenn Engel dich bewohnen?
Von Morden die des Nachts
In deinem Traum geschehn?
Weiß ich wieviel Skelette schon
Verlassener Geliebter
Im Grunde deines Herzens bleichen?

Ich sah dein Fleisch vom Radium durchzuckt
Wie eine fremde Wasserwelt:
Meer das ich mein genannt!
In ultravioletten Algen
Moderte mein Schicksal
Die rosa Polypen der Begierde
Und die zerbrochnen Monde vieler Nächte!

Dein Herz das stolze Schiff
Beladen mit Frachten von Liebe
Zerfiel im Gestrüpp des Traums
Schon angefressen von Korall und Tang

Und als ich mich zum Taucher machte
Um noch einmal verlornes Gold
Und altes Glück zu bergen:
Sah man mich niemals wiederkehren

Dies ist die Jahreszeit der Eifersucht:
Meine Augen fallen wie Blätter
An mir herab

Ein Regen streichelt mein Haar
Mit kalten Witwenfingern –
O Schwester Trauer die auf meinen Koffern sitzt
weine um mich!

Eisen und Blei
Sind nicht so schwer
Wie die Liebe

Dein Schmerz fährt auf dem See
Seine Raben spazieren
Dein schöner Schmerz
Mit den melodischen Hüften
Was wirft er den Schatten der Raben
Am Grunde des Wassers zu?

Wär ich der Jäger
Versteckt im Heckenrosenbusch
Auf wen müßte ich zielen
Meine Verliebte? Auf die Raben der Luft
Oder jene des Wassers
Oder auf deine Klage
Die ich singen höre?

Oft in den Nächten schreit mein totes Herz
Kracht wie ein altes Möbel
Das von der Kirschbaumjugend träumt

Einst war es König
Über einen zarten Hügel herrschend
Der wie ich dir seine Blumen brachte

Der Frühling ging vorbei
Die Holzhauer fällten die Bäume
Mein Herz ist nur noch ein antiker Schrank

Dessen Bretter nachts von dir träumend
Zuweilen einen Seufzer von sich geben
Aber nicht einmal dieser rüttelt dich wach

So steh ich wie ein verlassen Villenhaus am Meer
Dessen Besitzer unbekannt

In hundert Jahren werden die Springbrunnen noch um
dich weinen
Die Raben weiter Trauer um dich tragen
Die Abendwinde immer noch klagen
Um deinen Tod!
Und keiner wird ahnen
Daß deine Seele es ist
Die jeden Frühling schwingt
In Klee und Salbei
Daß die Walderdbeeren nach deinem Munde noch
schmecken
Daß im Rahmen der Seen dein Bildnis immer hängt
Daß deine unsterbliche Liebe es ist
Die die Welt entflammt

O kehr zurück!
Ich will uns eine fünfte Jahreszeit erdichten:
Die Austern werden Flügel haben
Die Vögel Strawinsky singen
Und an den Feigenbäumen
Goldne Hesperiden reifen

Aus dem Kalender streichen
Will ich die Tage die du mich betrogst
Aus allen Landkarten
Die Straßen deiner Fluchten

Kehr nur zurück!
Die Welt wird sich verjüngen
Die Kompasse verlockt ein neuer Nord:
Dein Herz!

Ruf nicht den Tod!
Erwarte nicht von der finstern Erde
Daß sie unsre Profile schnitze!
In deinem tönenden Lachen allein
Ist die Ewigkeit
Ich glaube nicht an das Schweigen der Steine:
Ich glaube an die Nachtigallen
Die deine Stimme imitieren
An die Antilopen die deinen Schritt nachahmen

Die Ewigkeit ist hier in deinem verwehenden Lied
Im rasch verbrannten Mohn deines Errötens
Sie blüht und duftet auf deiner Veilchenlippe
In den Sonnenblumen, goldnen Uhren der Liebe
Die nur die Stunden des Glückes zeigen –
Und diese einzigartige Dämmerung
In der die Götter eifersüchtig sind
Auf unsren Kuß aus Honig und Radium
Ist mehr wert als die Jahrhunderte allesamt

Am fünftausendsten Abend unsrer Liebe
Bin ich noch immer so schüchtern wie einst:
Beflecke meine weißen Handschuh mit dem Blau
Zu feucht gepflückter Glockenblumen
Und ersticke ungeschickt die Lerche
Die ich dir mitgebracht in meiner Tasche
Noch immer weiß ich nicht wie ich dir lächeln soll
Um die Traurigkeit meines Glücks zu verstecken
Und wenn ich dich umarmen will
Werf ich die Sonne um

Ach! Ich möchte mich beklagen wie die Eule
Die an die Türen der Nacht klopft
Immer mit Herbst bekleidet
Genährt von alten schimmligen Sternen
Festgenietet an ihren tausendjährigen Baum ...
Ich möchte ächzen
Wie das kluge Käuzchen
Das ewigen Kummer heuchelt
Um mehr geliebt zu werden
Oder schluchzen wie die kranke Quelle
Die ihr weißes Blut
Aus tausend Wunden verliert ...

In der kalten Nacht
Horchst du auf ihre Klagen
Aber du hörst nicht mein Herz neben dir
Dem Tod entgegen pochen

Ich bin gealtert vor Sehnsucht nach
Feuchten Februaren und verspäteten Aprilen
Um dir ein Maiglöckchen zu schenken

Wie viele bleiche Nächte hab ich gewacht
Um den Mond zu befragen
Ob deiner Treue
Ich habe elektrische Sommer ertragen
Dein himmelblaues Telegramm erwartend
Und an den Abenden der Traurigkeit
Streichelte ich die Hände sterbender Lilien

Jede Jahreszeit ist gut für die Arbeit des Herzens:
Bauer des Himmels
Säe und ernte ich Sterne
Um uns zu ernähren meine Geliebte

Stets werden wir einsam sein
Eingehüllt in unsere Leiber
Wie in zwei Leichentücher!

Ob wir uns auch von einem Mund zum andern
Wie von Balkon zu Balkon
Rote Blumen der Liebe zuwerfen

Ob wir auch unsre zur Faust verschlungenen Hände
Verschmolzen glauben zu einem Fleisch
Aus Zement und Blut

Umsonst! Umsonst!
Umsonst das auf unsre Schädel getünchte Lächeln!
Und die Tränen die nichts mehr zusammenschmelzen!

In der verzweifelten Umarmung
Zwischen dem unentwirrbaren Wir
Klafft unsre entsetzliche Einsamkeit

Ich möchte diese Birke sein
Die du so liebst:
Hundert Arme hätt ich um dich zu schützen
Hundert grüne und sanfte Hände
Um dich zu streicheln!
Ich hätte die besten Vögel der Welt
Um dich bei Tagesanbruch zu wecken
Und am Abend zu trösten
In den Stunden des Sommers könnt ich dich
Unter Blumenblättern aus Sonne verschütten
In meinen Schatten hüllte ich zur Nacht
Deine ängstlichen Träume...
Ich wollte ich wär diese Birke
Zu deren Fuß sie dein Grab höhlen werden
Und die mit ihren Wurzeln
Dich noch umklammern wird

Diese Hand wird altern
Sie die meinen leisen Kummer streichelte
Mit Glyzinienduft die Nacht betäubte
Und betörender flatterte als ein Falter!
Hand die ich leben sah
Anfällig wie eine Lilie
Berauscht von Morgenröte
Und dürstend nach Mond
Sie wird altern auch sie
Verschämt zu gilben
Kränkliches Elfenbein!
Aber wie die dem Meer entrissene Muschel
Wird sie die Stürme unsrer Liebe wahren

Der Wald schließt zu
Der letzte Vogel hat geflötet
Die Birkenblätter müde ihrer Treue
Ziehen es vor zu fallen und zu sterben
Die Nymphen entschminken sich
In den Kulissen der Heckenrosen
Die Hirsche die den Schnelligkeitsrekord
Geschlagen haben legen das schwere Geweih ab
Und ihre Trophäen aus Dämmerung
Verfaulen im Regen

Der Wald schließt zu
Schließen wir auch unsre Herzen
Bevor es friert!

Zehntausend Morgenröten, mein Engel, zehntausend
Morgenröten
Zehntausend mal hat das Auge der Sonne
Unsre Lider geöffnet

Zehntausend Morgenröten
Für diese einzige Nacht unsrer Liebe
Dein gemeißelter Kopf in meinen Armen
Der wuchernde Garten deiner Haare
Leuchtend von zehntausend Rosen

Oh welch ein Gefunkel!
Und die zehntausend Stimmen der Wellen!
Wie viele Monde sind vorbeigezogen
Zuweilen zerflossen zuweilen traurig
Um über uns die Ekstase des Schnees zu breiten

Und Greise liehen uns ihre Augen
Und Kinder haben unsre Herzen gegessen
In den zehntausend Träumen der Liebe

Zehntausend Morgenröten, mein Engel, zehntausend
Morgenröten
Zehntausend Eier voller Vögel und Lieder
Zehntausend Sonnendotter
Wiegen wohl heute den Tod auf
Den einzigen mit den hunderttausend Gestirnen

Claire an Ivan

Alle Süßwasser fließen dir zu:
Die Wolken fallen vor dir in die Knie
Die Flüsse suchen dich durch die ganze Welt
Die Springbrunnen stellen sich auf die Zehenspitzen
Um dich besser zu sehen
Brunnen flüstern deine Lieder in allen Sprachen
Teiche erfinden neue Fische um dich zu nähren
Die Seen sind die zerbrochenen Spiegel deiner Träume
Ein Springquell steigt aus meinem Herzen:
Höher als die Säule des Trajan.

Du bist zart
Wie die Fingerabdrücke
Der Vögel im Schnee

Du bist traurig
Wie die Lärche im Gebirg
Mit dem zerzausten Haar

Du bist süß
Wie die Datteln
Biblischer Palmbäume

Und doch bist du stärker
Als ein Zyklon als ein Orkan
Als die erzenen Türen der Tempel

Ich fürchte mich wenn du schläfst
Die Scheinwerfer deiner Augen löschest!
Ich fürchte mich vor Weltuntergang
Wenn du nicht wachst

Gestern noch trank ich Mond aus deiner Hand
Du gabst mir Nachtwind in kleinen Dosen
Gegen das Fieber
Und bist nun doch allein zu den Sternen abgereist

Verlassen sitze ich im Wartesaal der Zeit
Mit meinem Koffer voller Tränen
Der Photographie deines Herzens
Und einem Strauß von welken Lächeln

Zittre vor einer Planetenkatastrophe
Aus der du nie mehr wiederkehren wirst!

Wenn ich neben dir gehe
Explodieren Rosen!
Alle Schwalben der Stadt
Wallfahrten in mein Herz
Das offen ist und rot
Wie das Portal von Notre-Dame

Ich weiß nicht mehr
Auf welchem Kontinent wir sind:
Trotzdem auch hier der Geranien
Ewige Flamme aus den Beeten strahlt
Und die Züge die Zeit befördern
Hier wie überall

Und plötzlich sah ich dich nicht mehr
Die Kohlenstäubchen eines Traums
Flogen mir in die Augen
Ich hörte deinen Schrei
Alle Räder des Zugs
Rollten über dein Herz

Rauch bedeckte deine unsterbliche Liebe
Mit tödlichem Giftgas
Ich war allein allein
In der düstersten aller Welten
Auf immer irrend
Im schwarzen Tunnel des Hades

Geh nicht hinaus in den Abend:
Apachen könnten dich überfallen
Ist nicht deine Brieftasche vollgestopft
Mit fünf- und sechsblättrigen Kleeblättern
Je zwischen zwei Gedichten getrocknet?
Deine Taschen strotzen von Träumen
Und Nachtigallenseufzern ...

O bleib bei mir!
Laß uns zusammen die Runen entziffern
Die deine täglichen Zärtlichkeiten
In meine Hände gekerbt haben

Geh nicht hinaus in den Abend:
Berühre nicht die unreine Erde
Mit deinen geheiligten Sohlen
Du der du beinahe schwebst
Mit den Flügeln deiner Urgroßengel

Wo bist du mein Erzengel?
Wann kommst du
Einen Psalter aus Asbest
Aufs brennende Herz mir zu legen?

Lebend begräbt mich die Nacht
Und jede Viertelstunde
Fahren schwarze Lastwagen
Mehr Nacht herbei

Wo bist du mein Erzengel?
Der Reif des Saturns
Liegt schwer um mein Herz
Mein Mund ist zu klein
Für die zu großen Schreie

Wo schwebst du? Auf welchem Gestirn?
Vielleicht ganz nahe
Und ich hör dich nicht
Weil du auf Blumensohlen gehst
Um die Vögel nicht zu wecken

O du der du wankest vor Angst
Den Schatten der Schwalbe zu trüben
Die über dir hinfliegt
Du der du die tückischen Wespen streichelst
Und lautlos nahst
Um die Rehe nicht zu schrecken
Du dem die Hunde die Hände lecken
Weil sie duften nach Gebet
Du den ich wachen sah über verfrühte Schmetterlinge
Über eine sterbende Blume

Lehr mich deine Frömmigkeit vor dem Wurm
Deine Andacht vor dem Wassertropfen
Lehr mich Demut vor dem Feind
Damit ich einmal wie du den Engel erkenne

Zerreiß mich in tausend Stücke
Königstiger meines Herzens
Verstümmle mein Lächeln
Entlock mir Schreie größer als mein Leib
Pflanz an die Stelle meiner roten Haare
Die weißen des Kummers
Laß altern meine Füße
Die dich vergeblich erwarten
Und vergeude all meine Tränen in einer Stunde:
Ich kann doch nichts als deine Tatze küssen!

Zehn Jahre schon daß du mich liebst
Zehn Jahre zehn Minuten gleich
Und immer seh ich dich zum ersten Mal:

Die Taschen voller Rosen
Künftige Tränen hinter der Brille
Wie Diamanten in Vitrinen
In deiner Brust eine Lerche
Und unter den schüchternen Handschuhn
Die Zärtlichkeiten der Zukunft

Zehn Jahre schon daß du mich liebst
Daß auf allen Uhren
Die Zeit auf immer stillstand

Mein schiefer Turm
So müde vom Schultern der Sterne
Neige mir zu den viel zu hohen Bau
Deiner kostbaren Glieder

Meine Leidenschaft wird dich umschlingen
Mit ihren tausend Efeuarmen
Und ihre eisernen Wurzeln
Werden deinen zerbrechlichen Körper stützen
Damit er nicht zerfalle

Wachse nicht mehr mein schiefer Turm
Ich kann dir nicht folgen
Auf deiner Himmelfahrt zur Sonne
Du stürztest denn ein
Und begrübst mich lebendig
Unter deinen edlen Trümmern

Wenn dein Schritt verweht im Unendlichen
Bin ich eifersüchtig auf jeden Zug
Der dich allein in die Zukunft trägt
Mit jeder Meile wächst meine Angst
Dein Herz könnte verunglücken
Und unter die Räder des großen Wagens
Am Himmel geraten

Schon sehe ich dein Haupt zu Erde werden
Dein Auge zu Stern
Deine Liebe zu Thymian
Der bei den Gräben wächst

Immer wenn du fort bist
Erwarte ich bebend den radelnden Engel
Mit der Depesche deines Todes

Die Vögel singen leise
Weil ich traurig bin
Aus meinen grünen Augen
Fließen zwei Nile
Überall wo mein Blick hinfällt
Schießen Brennesseln auf
Die Stricke des Regens
Schlingen sich wie ein Lasso
Um mein Leben
Während mein altmodisches Herz
Von deinem Schattenriß träumt
Und deinen tönenden Locken

Eine Amsel schreit meinen Schrei –
Die letzte Amsel von Paris

Einst griffst du meinen Namen
Auf deiner Feuerharfe
Wo wir auch hintraten
Wuchs vierblättriger Klee

Wir schwiegen wie zwei Gärten zur Nacht
Vorm Flüstern der Quellen unsrer Herzen
Es gab nur Festtage in deinen Blicken
Unsre Hände waren voller Gebete

Die Vögel sangen nichts als Hymnen
So sehr liebten wir uns
Heute wein ich allein
Die heimatlosen Tiere

Schlafen im Sägmehl meiner Haare
Der Spiegel des Sees zersprang
Deine tausend nährenden Lächeln
Liegen auf seinem Grund

Umsonst such ich dich:
Du bist abgereist
Nach dem sechsten Kontinent
Und nahmst unsre Sonntage mit

Das ist mein Frühling:
Kamine schießen auf vor meinem Fenster
Den Himmel sehe ich nur noch
Auf bunten Ansichtskarten
In der Dachrinne blüht Löwenzahn
Und Tränen unter meinen Lidern
Stärker als je duften die Narzissen
Der unschönen Tapete
Eine schwarze Katze schlägt Wurzel im Dach
Und wächst wie meine Traurigkeit
Du aber bringst mir keine Bienen mehr
In deinen Goldlackaugen mit!

Dies ist mein Frühling!
Im roh möblierten Zimmer
Ein Frühling dem kein Sommer folgen wird
Ein Frühling ohne Mai:
Denn er trägt Trauerflor

Warum habe ich nicht deine Lächeln gesammelt
Wie seltene Kostbarkeiten?
Und den Schatten aufbewahrt
Den du auf unsre Wege warfst?
Warum legte ich nicht deine Blicke
Aus Topas und Gold auf die Seite
Enormes Vermögen für später
Wenn deiner Zärtlichkeit Vorrat
Zu Ende geht?

Ich verschwendete deine Innigkeiten
Mir bleibt keine Schallplatte deiner Schritte
Der Sturm hat deine Umarmungen verstreut
Und die mit Küssen gefüllten
Roten Speicher zerstört
Der letzte Laut deiner Stimme
Verlor sich im Sand –
Vergebens zeichne ich dein Profil
In den Rauhreif meines Fensters

Ein Leben lang will ich warten
Alle Linien will ich abhorchen
Bis deine Stimme mir wiederkehrt

Einst riefst du mich an
Aus allen deinen Träumen:
Aus Grönland aus China
Vom entferntesten Planeten

Aber der Raum leitet deine Stimme nicht mehr
Die Kabel sind überschwemmt
Allzuviel weint ich in diesem Jahr

Umsonst befrag ich die Barometer
Nie wieder wird es schön
In meinen Träumen werden!

Du warst der Obelisk
An den ich mich lehnte
Deine Worte waren meine Gesetze
Und deine Blicke meine Lampen
Im Winter

Im Januar ließest du Kisten
Mit neuen Vogelliedern
Und Frühlingswinden kommen

Ich trug deine Küsse um den Hals
Kostbare rote Rubine
Und deine Stimme übertönte
Die Fuge der Orgeln
Gespielt von Pariser Cherubim

In diesem Jahr ist der Zephir ausgewandert
Die Nachtigallen singen nicht mehr
Die Flöten zerbrachen in ihren Kehlen

Eifersüchtig bin ich auf die Straße:
Der Schatten einer Frau
Könnte den deinen streifen
Vielleicht betrügst du mich
Mit einer Marmorgöttin im Museum
Die seit Jahrzehnten auf dich wartet?
Eine Tram läuft dir nach wie ein Hund
Und jedes Mädchen stiehlt mir ein Gramm
Vom Gold deiner Augen

Sobald du mich verläßt
Wird es nicht mehr Tag
Am Morgen schon ist es Abend
Die Schmetterlinge vergiften sich
Am Gas der Herbstzeitlosen
Deine noch glühende Leier
Wird wieder zu Asche ...
Sobald du mich verläßt

Ich hab den Abendstern
Meinen Lieblingsschmuck
In einem Taxi verloren

Ich hab meinen Geliebten
Auf dem Spielplatz der Engel
Zwischen Mars und Frankreich verloren

Eine Regenzeit beginnt in meinen Augen
Die Raben tragen Trauer
Die jungen Vögel hören auf zu wachsen

Mein Liebster und der Abendstern
Waren ein- und derselbe:
Blumen streikt mit mir: hört auf zu lächeln!

Ach die Straße ist naß
Auf der ich gestern neben dir ging:
Aus meinen Augen tropft Regen

Welche Jahreszeit haben wir?
Papierne Rosen blühn auf meinem Hut
Und von des Mondes Strahlen hab ich Sommersprossen

Ein müdes Pferd trabt durch mich hindurch
Das Jenseits schon in seinen Augen
Es fährt ein Liebespaar
In seiner Kutsche in den Himmel

Ich aber wandre allein
Deinen untreuen Schatten suchend
In der Straße ohne Ende
Abgenutzt von meinen Schritten
Gewaschen mit meinen Tränen

Wo soll man weinen in dieser Stadt
Mit dem asphaltierten Himmel?
Immer irrend zwischen den Passanten
Zwischen den Winden
Einsamer als ein Baum der Boulevards
Der von seinem Aprilwald träumt

Sehr fern vom Leben möchte ich sein
An den Ufern deiner Augen
Die beiden Bergseen
Unter dem Kaukasus deiner Stirn
Mich verbergen hinter deinen Wimpern
Meinen Trauerweiden
Und im krausen Farn deiner Haare
Wo wir so oft Selbstmord planten
Die Hasen das Zinnkraut und ich
Aus Angst vor November

Wie viele Frauen stürz ich mich in alle Spiegel
In alle Teiche
Vor Angst zu altern

Bald werd ich soviel Falten haben
Als Straßen sind
Auf einem Stadtplan von Paris

Schon reiß ich mir
Die ersten weißen Haare aus:
Vögel bauen sich draus ihre Nester

Bald wirst du nicht mehr seefahren
Auf den Wellen meiner Haare
Die der Herbst mit Rost gefärbt

Und fast erblindet
Weil ich zuviel in deine Augen schaute
Werde ich dich nie mehr sehen

Ich erwarte unsren Tod
Wie ein Kind seine Ferien:

Wir werden ein Zwillingsgrab haben
Dein Regen wird der meine sein
Ein gleiches Klima wird unsre Herzen
Erblühen machen
Im vergoldeten Korb unsrer Rippen
Dasselbe Lächeln wird unsre Schädel zieren
Nie wieder werd ich allein
Sterne und Vögel hören müssen
Und die violetten Seufzer
Aus den Mäulchen der Orchideen
Niemand mehr wird unser Stelldichein stören!

Ich erwarte unsren Tod
Wie ein Kind seine Ferien

Wird mich das Grab von Eifersucht erlösen?
Geliebter du des Regens
Und der keuschen Veilchen
Die dich so oft gelockt
Aus meiner ungestümen Umarmung!
Heimlich liebkoste dich der Regen
Und die Veilchen warfen sich hin
Vor jeden deiner Schritte wie ich
Um von dir gemordet zu werden
Dichter der allein uns versteht!

Wirst du im Grab mir endlich ganz gehören?
Oder dringt auch noch dort der Regen
In dein immer offenes Herz?
Drängen die Veilchen sich noch
Bis zu deinen versteinerten Füßen?

Schlafen auf der nackten Erde schlafen!
Die Brust dem Regen geöffnet
Und den irrenden Nebelkrähen!
Zum Schweigen bringen dies antike Herz
Angefressen von tausendjährigem Krebs
Herz viel wilder von dir zerfleischt
Als vom Schnabel eines Raubvogels

Schlafen den Schleim von Schnecken am Mund
An Stelle eines treulosen Kusses
Und die Haare mit Raupen geschmückt ...

Schlafen schlafen zwischen dem Unkraut
Menschlicher als der beste der Menschen
Schlafen unterm Hohen Lied der Nesseln
Bis zum Jüngsten Gericht!

In hundert Jahren wirst du mich betrügen
Deine Hand wird aus der meinen gleiten
Ganz vertrocknet

Die Zeit die Leichenschänderin
Wird die Topase deiner Augen stehlen
Dein Haar ist Moos geworden
Heimstatt des Regens und der plumpen Käfer
Die Sträucher senden ihre Wurzeln
In den Staub deines Herzens hinunter
Und deine Ohren, einst von mir gefüttert
Mit der Seide der Kosenamen
Sind dann die Winterstollen der Maulwürfe!

In hundert Jahren
Nichts mehr neben mir
Als deine heiligen Knochen meine Reliquien

Und wenn dein letzter Vers verklungen ist
Werden die Klagerosen kommen
In ihren durchnäßten Schals
Die Jungfrauen unter den Rosen
Mit den wächsernen Wangen
Immer in Weiß
Die Moosrosen, Dorfkinder mit Sommersprossen
Die die Baumschule schwänzen
Die fröstelnden Waisen
Mit ihrem Vormund aus Bambus
Und die alten Rosen krankend
Am Aussatz des Rosenstocks

Es werden die Rosen aller Maimonate kommen
Die Heckenrosen, Rosen des Volks
Und die mondänen Rosen der Schlösser
Die billigen Bastardrosen
An Straßenecken sich hingebend
Die Prinzessinnen aus Bengalien
Die Töchter des Hafis
Und du erste Rose aus der Hand des Geliebten
Konkurrentin der Himmelsrose!

Mit Tränen unter den Lidern
Werden sie zweimal blühen
Wie die Rose von Pästum
Oder immer aufs neue
Wie die von Jericho

Alle Rosen der Welt werden unsre Träume
In andern Gärten weiterträumen

Ivan und Claire Goll

Die Antirose

Ivan an Claire

Ich bin geliebt

Ihr seht mein blasses Gesicht,
Oft von Zweifel zerfressen
Und nicht immer rasiert,
Fremde Gäste des Ungefähr
Und des Autobus:

Wer aber ahnt, wie unterm Ulster
Quellen des Glücks meine Adern durchrauschen,
Wie unterm flüchtigen Schlapphut
Unsichtbar meine Krone leuchtet?
Ich bin ein heimlicher Prinz,
Und reise unbekannt durch den Alltag:
Ich herrsche über das blonde Reich
Einer hohen Geliebten:
Vom Atlas ihrer Schultern bis zum Delta Rosa
Gehorchen mir die fünf Stämme ihrer Sinne,
Die Flüsse ihrer Adern treiben meiner Seele Kraft,
Die Kolonien ihrer Träume sind mir untertan
Und ihrer Augen Teleskope
Enthüllen mir unentdeckte Gestirne.

Ihr wißt es nicht, blinde Passanten,
Ich bin geliebt!

Trauriger Odysseus

Auf deiner Augen Hemisphären
Bereise ich die Welt
Ein trauriger Odysseus
Dem Wind jeder gelinden Sehnsucht,
Dem Schatten jedes Zornes pflichtig.

Dein Mund mit seinen Trauern
Und unterirdischem Lächeln
Diktiert mir meine schönsten Qualen
Von deinem Atem leicht
Sind meine Lieder

Und nur in deiner Hand
Sind meines Lebens Sterne eingezeichnet – –
Ein langer oder kurzer Weg?
Der Tag, an dem sie welkt,
Bricht auch mein Schicksal ab.

Funkspruch

Wenn du mich rufst, unhörbar mit der Seele:
Ich spür es über alle Meere!
Es trifft mich wie ein göttlicher Funkspruch,
Die Vögel schreiben es in den Zenit,
Der Regen morst es an mein Fenster,
Die Bäume rauschen es in den Parks:
Ich breche die Geschäfte ab,
Die Dichterbörse schließt,
Die Sonne fällt,
Ich komme.

Dein Zauber

Wenn ich mit dir vorübergeh
Erlebt die ärmste nordgewandte Straße
Auch einmal eine Morgenröte!
Die Fenster sind aus Gold gegossen,
Die Pflanzen auf den Bildern blühn,
Die Heringe der Spezerein erglänzen wie Juwelen.

Doch komme ich allein,
Da blättert aller Glanz wie Tünche von der Erde,
Die Straßen werden alt und kalt,
Die Heringe sind nur geräuchert,
Ich bin ein Fremder der verschloßnen Türen,
Ein Schatten unter Schatten
Regengrau.

Weltweh

Um Mitternacht
Ward mir so plötzlich weh
Weltweh
Sternweh

Ozonstaub
Bittert meine Lippe
Oder fiel auf mein Herz
Eine Träne von dir?

Du sollst mich nie am Tage sehn…

Ich weiß: als nächtlicher Ritter,
klirrend von Sternen,
Sturmvögel auf dem Helm,
So brech ich oft in deine Kammer
Und Rosen brennen mir ums Haupt.

Die Felder duften in meinem Atem,
Die Bäume rauschen um meine Schulter
Und Elektrizität der Städte
Gewittert in meinen Augen.

Die Liebe ist dein Traum.
Du sollst mich deshalb nie am Tage sehn
In meinem Cheviotanzug
Und schon die Haare an den Schläfen dünn.

Deine Mädchenstimme

Wir standen hinter den tausend Mauern
Der tiefgestuften Stadt:

Kein Hammer könnte sie stürzen
Kein Dynamit sie sprengen
Kein Gesetz sie öffnen
Keine Wahrheit sie lichten:

Da erklang deine Mädchenstimme
Und machte uns frei

Rückkehr ins All

Täglich bröckelt
ein Stück von mir ab:
Stunde um Stunde
Haar um Haar
Kuß um Kuß
Fallen zurück ins Unendliche:

Nur meine Augen altern nicht
Geliebte
Solange dein Licht sie bestrahlt

Gib mir die Hand

Gib mir die Hand
Und spring und lache
Schnell vor dem Tod

Die Erdenstraße hinab
Sind Männer schon geboren
Fahren die Wagen mit dunklem Schutt
Zu füllen unsre Gräber

Wir wehren uns umsonst
Wir schließen umsonst
Die Türen und Herzen

Bald düngen unsre Leiber
Die grüne Wiese
Für neue Tänze

Nach dem Ekklesiast

I. Fassung

Dein Haar ist die große Feuersbrunst des Jahrhunderts.
Deine Stirn die Leinwand, hinter der geheimnisvolle
Filme laufen.
Deine Augen zwei Diamanten aus den Augenhöhlen
der Sphinx.
Deine Nase ein Eiffelturm, rosa gestrichen.
Deiner Lippen Zwillingsbarke tanzt auf dem Roten Meer.
Deine Zähne sind regelmäßiger als die Tasten des Klaviers.
Wenn du sprichst, blühen Akazien
Und lächeln zehn Bäche zugleich,
Wenn du schreitest,
Wiegt sich die ganze Erde.

Ich denke nur an dich

Stehend
Sitzend
um 3 Uhr
um 15 Uhr
Abendblatt
Morgentraum
gegen
und für
nüchtern
und betrunken
gestern
morgen
ich denke nur an dich

Ich lebe nicht, ich liebe

Aus allen Poren strömt mir die Liebe
Meine Muskeln sind gespeist von deiner Liebe.
Ich habe nur rote Blutkörperchen vor lauter Liebe.
Mein Haar ist gelockt von der Liebe.
In allen Zungen singe ich, daß ich dich liebe.
Tanzen muß ich immer aus Liebe.
Bin ich krank vor Liebe?
Oder gesund aus Liebe?
Ich lebe nicht, ich liebe.
Ich kann nicht sterben, weil ich dich liebe.

Ringkämpfer mit dem Selbst

Mond, der du alle Quellen zu Geliebten hast
Und von Akazienduft dich tränkst,
Der du die Steine weinen machst
Und mit dem spöttischen Wind
Der Göttin Schleier lüftest:
Warum bin ich so dunkel
Und blind unterm Gewölb des Regenbogens
Und taub für die Motette des Bachs?
Ich will meinen Kopf an den Felsen zerschmettern,
Ich will mir die Augen eindrücken,
Ringkämpfer mit dem Selbst,
Damit ich nicht mehr sehen kann
Was Sie nicht liebt.

Wozu noch Sommer?

Wenn du so traurig bist
Soll's nur November auf der Erde sein
Der kranke Mond soll sterben
Die Nacht mit ihren Klagebäumen
Zerreißen den Vorhang des Himmels:
Ich brauche Hunde mit jammernden Stimmen
Ich brauch verregnete bröckelnde Mauern
Vor denen selbst der Schatten sich fürchtet

Denn unerträglich wäre der Gedanke
Daß zarte Rosen noch irgendwo blühen
Daß Bäche übermütig wie Knaben
Von moosigen Hängen springen
Daß Schwalben sich freuen
Daß Sterne noch leuchten – –
Wo dir das Lächeln aus dem Antlitz fiel.

Alles umsonst

Die Tage
Die Sterne die Blumen
Die Bettler die Katzen die Wolken
Die Vorstadtvillen
Und die Radfahrer
Sie wissen alle nicht daß du mich
Nicht mehr liebst
Sie eilen
Sie essen
Sie singen
Und alles ist doch umsonst

Äonenweit

Nur durch eine Wand getrennt
Wie äonenweit
Bist du schon von mir

Eine Wand: Tapetenblumen
Bittrer Mörtel
Steinstille
Seellos Holz
Scheiden unsre Welten:

Bist du mir verloren schon
Tief in Nacht?
Einen halben Meter fern
Schlägt dein Herz;
Ach ich hör's nicht mehr!
Und ich hör doch draußen
Klopfen den Puls der Kassiopeia!

Nimm dich in acht!

Nimm dich in acht!
Der Karpfen trauriges Maul
In der Fischhandlung wird dich verraten!
Der Frühling deines Tüllhuts
Und deine Goldkäferschuh
Lassen es viel zu sehr merken!
Jeder geübte Chiromant liest's
In den Zeichen deiner Hand,
Die Welt kann's nicht mehr verschweigen
Wie untreu du mir bist:
In jedem Spalt der Zeitung steht es,
An alle Litfaßsäulen ist es angeschlagen,
Die Operntenöre singen es jeden Abend – – –
Daß die Frauen betrügen – –
Nimm dich in acht
Und stich dir lieber selbst die Augen aus,
Bevor du vor mich trittst
Und du sie niederschlagen müßtest.

Regen überflute Europa!

Nie wieder Frühling!
Regen überflute Europa!
Die erloschenen Vulkane sollen sich wieder öffnen
Wie böse Abszesse im Fleisch der Äcker!
Die Heilquellen sollen zu ätzenden Säuren werden
Und alle Fruchtbäume aussterben!
Es darf keine treue Frau auf Erden mehr wandeln,
Kein Sohn soll seiner Mutter mehr trauen!
Schiffbrüche, Erdbeben, Morde, Revolten,
Eine Epidemie des Schmerzes
Komme über die Welt:
Warum soll ich allein so elend sein!

Besitzer unbekannt

Oft in der Nacht kracht mein gestorbenes Herz
Wie ein antiker Schrank,
Der von der Kirschbaumjugend träumt

Da reck ich wieder meine braunen Äste
Und spreize meine Blätterhände
Und schaukle unter einem Vogellied.

Ich überschatte deine Wiese,
Ich streichle dich mit blauen Schatten
Und werfe dir mein ganzes Blut
In roten Kirschen zu.

Tags steh ich da mit zugeschlossenen Wimpern
Wie ein verlassenes Villenhaus am Meer,
Dessen Besitzer unbekannt.

Der Andre

Wenn dich der andre in die Oper führt,
Als wär's sein violettes Nachtschloß,
Ich aber friere im Schnee eurer Spur
Unter den Sternen, die euch entflammten:
Erfind ich einen Tod dir
So groß wie meine Eifersucht
Und größer als Paris!
Ich will den Opernplatz unterminieren,
Eure Musik mit Dynamit zersprengen,
Dein rosa Kopf soll in den Himmel fliegen,
Indes die Katzen von Montmartre
Dein Herz austrinken.

Mein königliches Leid

Nie wieder werd ich arm und einsam sein
Ich hab mein Leid, mein königliches Leid
Bäume voll trauerumflortem Laub
Rotbehandschuhte Freunde des Leids
Ich bin ein Mosaik aus Leid
Nichts tu ich ohne Leid
Ich esse es
Ich lache es
Ich rauche es
Ich schreie es
Ich spuck es aus
Ich liebe es
Weil es von dir geschenkt

Das Negativ

Sobald du schläfst
Entwickle ich im Mondwasser
Die dunklen Filme deiner Pupillen,
Und umgekehrt rollt sich der Tag zurück.
Da seh ich auf der Nachtleinwand
In grellen Großaufnahmen
Die hundert Gesichter
Deines zu schönen Geliebten.
Die vielen Formen eurer Küsse,
Euren schwarz-weißen Verrat,
Und lebe zornig, was ihr nur noch träumt ...

Aber ich werde dich nicht erwürgen:
Ich will dich sterben sehn zu jeder Stunde des Tags

Seit ich dich nicht mehr liebe

Seit ich dich nicht mehr liebe, liebe ich dich
Ich reiße alle Rosen in Fetzen
Ich reiße mir die Haare der Erde aus
Unaufhörlich schreib ich deinen Namen
Und zerkratz ihn mit meinen Nägeln

Kein Aug mehr zu haben um zu weinen
Keinen Gott mehr um sich zu beklagen!
Hört die Stille schrein am Ende der Nacht ...
Der Säbel eines Kometen
Hat mich durchbohrt:
Ich lebe mit zerschlitztem Herzen.

Ängste dich nicht

Ängste dich nicht
Wenn rot der Himmel über den Häusern loht
Es ist kein Brand für städtische Feuerwehr,
Es fährt kein Krieg auf der Blutstraße her,
Es ist kein brünstiger Komet gemeldet –
Schlafe, mein Lieb,
Es ist noch nicht die Morgenröte,
Die sich dort pudert:
Wenn der Himmel so brennt,
Ist's nur der Widerschein
Meines glühenden Herzens.

Zauberlehrlingin

Wenn du mich ansiehst
Bin ich von einer Wolke des Ruhms umhüllt
Der schönste, der größte, der glücklichste Mann
Stark wie ein Büffel, stolz wie ein Überseedampfer.

Aber sobald du den Blick abwendest
Bin ich wieder das hinfälligste Individuum:
Filzhut, Abendessen zu vier Francs fünfzig.

Schatten zwischen den Schatten,
Den die Jahreszeiten
Bis zum nahen Tode jagen.

Schlaf ohne Furcht

Schlaf ohne Furcht:
Ich führe deine Träume
Weiden auf der mondnen Wiese,
Die mit Apfelbäumchen bestickt ist.
Laß grasen dort die Hoffnungszicklein
Am Sternbusch überm Abgrund,
Der ins Leben hin abstürzt,
Wo Räuber und Wölfe lauern ...
Ahoi! Ein Ruf von mir:
Und unsere Liebe findet
Zur sicheren Lichtung zurück,
Mondumrauscht
Hinter dem Dickicht des Schicksals.

Meine rote Kriegerin

Meine rote Kriegerin
Meine Indianerin
Die Schmerzensfalte
Tätowiert in stolzer Stirn
Meine rote Kriegerin
Mit der Sanftheit der Taube
Und der Wildheit der Löwin

Hüte dich vor dem Abendrot
Das schwer sein könnte
Von einem Tropfen Blut
Schlaf nicht allein
Auf dem Kopfkissen
Aus tödlichen Gewürzen
Laß mich teilen die Gefahr

O geh nicht fort!
Verstecke dein Kinderhaupt
Unter meiner Achsel!

Ich erwarte nichts außerhalb deiner Lippen

Nein, ich will nicht sterben
In keinem Himmel fände ich wieder
Das seltene Blau deines Lächelns,
Keine Hölle reproduzierte mir
Das Feuerrot deiner Locken,
Ich erwarte nichts außerhalb deiner Lippen!
Und wenn eines Abends
Das Vorlegschloß des Todes
Sie schließen wollte,
Halt ich einen Kuß zwischen den Lippen bereit,
Der stärker als Melinit
Sie sprengen soll
Und mit ewigem Lächeln zieren!

Dichterberuf

Glückliche Männer tragen Strohhüte
Und pfeifen auf Heiligenscheine
Andre rasen auf dem Motorrad durchs Leben
Um den Erdbeben zu entgehen.
Jener läuft jeden Tag in sein Büro
Und am Sonntag zieht er den schwarzen Rock an
Um sich mit Gott zu unterhalten.
Und ich? Eine Menschenexistenz lang
Seh ich deine Augenlieder sich öffnen und schließen
Sich öffnen und schließen.

Jeder Liebende ist blind

Ein Gedicht auf jede deiner Falten,
Ein Gedicht auf die Wolke von Kohlensäure,
Die jeder Kuß deiner Lippen ausatmet.

Und trotzdem weiß ich nichts von den roten Stürmen
Die in den Tunnels deines Wesens grollen,
Nichts von den Schiffbrüchen in deinen Adern,
Nichts von der übersinnlichen Gegenwart
Wenn Gott dich bewohnt.

Unter dem Kalk deines Kopfes,
Den ich weniger kenne als das Matterhorn,
Welche Verzückungen, welche Verbrechen, welche Lieben
Verbergen sich da,
Die ich selbst nach dem Tod nie erben werde.

Wir müssen noch leben

Wir müssen noch leben
Da wir Körper haben
Die sich dem Himmel entgegenrecken.
Wie die schwarze Zypresse
Haben wir die Pflicht
Immer näher hinaufzuwachsen
Zu Gott!

Unmöglich, schwaches Kind, sich zu entziehn
Mag man auch noch so müde sein!
Du, die du Hyazinthen unter den Brüsten trägst,
Du, die die Rosen erkennen
An dieser unheilbaren Traurigkeit,
Die die Gazellen beneiden
Um den schwebenden Tanz deiner Füße ...

Ertrag es noch ein wenig
Glücklich zu sein!

Mein Lächeln bröckelt ab

Ich weiß nicht mehr wo meinen Kopf hinlegen
Ach mög er auf die Erde rollen
Ein abgenutzter Gummiball

Mein Lächeln bröckelt ab
Wie die antike Tünche
Auf den Mauern des Mondes

Der Nordwind trocknet in mir
Alle Tränen
Die eine Morgenröte weinen sollte

Im Käfig meines Skeletts
Hat sich mein Herz erhängt
Zwischen der siebten und achten Rippe

Das tiefste Rot der Leidenschaft

Vogel den ich mir aus der Birke holte
Liebe machte aus dir den weisen Berg
Das Orakel der Höhlen die Stimme des Sturms

Knospe die ich vom Busch pflückte
Liebe machte aus dir die Feuerblume
Das vollendetste Rad von Rosenblättern
Das tiefste Rot der Leidenschaft

Kind das ich aus der wildesten Jugend wählte
Du wurdest ernster als das Hirn der Deborah
Größer als die Statuen meiner Vergangenheit

Blättre sie auf die Kamelien

Blättre sie auf die Kamelien
Deiner bleichen Brüste!
Färbe dein Haar je nach den Leidenschaften:
Schwarz für den Sturm,
Rot für die Liebe!
Und trage die passenden Augen
Zu den Halsbändern aus Sternen,
Die dir Göttermillionäre schenken!

Unveränderlich bleibst du für mich.
In einem Tropfen deines Bluts
Züchte ich eine Million deiner Bazillen
Täglich unterm Mikroskop:
Ich stelle ihre Sternenbilder fest.
Zur Nacht singen sie ein Heer von Grillen:
Claire, Claire, Claire, Claire!

Eifersucht

Ah! Warum entfliehst du mir
Untreue in die Länder des Fiebers!
Deine Schritte verschmelzen mit dem Schnee,
Fetzen deiner Seele bluten in den Bäumen.

Welch gieriger Gott kam hier vorbei?
Du brennst!
Hast du einen Stern zu nah gestreift?
Dein Mund schaukelt, wie eine Barke ohne Rückkehr,
Deine Worte finden mich nicht mehr ...

Ich halte dich ganz,
Feucht, trunken, geöffnet,
Und nichts von dir, nichts,
Gehört mir mehr!

Frau mit den hundert Herzen

Jede Frau ist ein Wiederbeginn
Jede weiße Brust ein höherer Gipfel
Der Vollkommenheit zu
Ich fand im Perlmutt andrer Leiber
Die seltnen Perlen des Nabels
Und reichte sie dir zur Schnur

In den vielfarbigen Wäldern von Haaren
Zähmte ich Kobras und Adler
Führte sie dir vor
Um dich neu zu erobern
Mit den Schreien von tausend verlorenen Nächten
Machte ich für dich dies Gedicht

Warum dich beklagen
Einzige Frau mit den hundert Herzen:
Eva, Juana, Denise,
Das bist du, das bist du, das bist du!

Die siebente Rose

Wo hatte ich alle meine Rosen gelassen?
Die Rosen alle des Morgenrots?
Die Rose von Jericho
Die Rose des Windes
Die Rosen von Saadi und Rilke
Die Rosenballerinen von Bagatelle
Die Rosenschiffe von Bagdad?

Ich hatte nur eine ungeöffnete
Rosenknospe in der Tasche
Sie duftete nicht
Sie leuchtete noch zu wenig
Aber mein Herz reift in Eilmärschen heran
Alle meine Sklaven zerpflücken
Die Hügel von Grasse

Die Gärten von Jericho
werden morgen kahl sein
Ich werde bald den roten Talar
Des Liebenden tragen

Rose von Jericho

O Rose von Jericho
Ich fand dich: zusammengeschrumpftes Rätsel
Fötus einer vertrockneten Blume
In der Schublade eines Kolonialwarenhändlers

Ich sah dich: verrostete Rose des Fahrrads
Vom Unglück schwer in einer violetten Orgie von Iris
Alle Lampen der Rosengärten
Waren angezündet auf den Vorgebirgen

Das Öl der Dämmerung verbrennend
Alle Kreise der Vollendung die sich drehen
Das Rad meines Orient-Expreßzugs
Und das Rad dieser Rose mit den vielen Lippen

Du aus Jericho ich sah ich sah
Im Innern deiner verschloßnen Türen: Rose
Im Innern deiner verschloßnen Fleische: Frau
Den schwerfälligen Gott noch trunken von Genie

Aber niemals abfahren

Laß sie abfahren
Die weißen mit Sirenen befrachteten Schiffe
Abfahren die Winde beladen mit Seemöwen

Die großen Winde enden in Regen
Die Seemöwen die den Schiffen folgen
Wollen nichts als die Reste des Festmahls

Aber niemals abfahren auf gierigen Motoren
Sitzen bleiben
Auf dem passiven Felsen

Welch ungeheure betäubende Reise:
Den Puls an deinem Handgelenk spüren
Eine Weltreise um dein Herz antreten

Wenn deine Schönheit vor mir erstrahlt

Wenn deine Schönheit vor mir erstrahlt
Sind meine Ohren taub für den Kriegslärm
Wenn dein Mund sich öffnet
Kann ich keine Blumen mehr pflücken
Wiesen und Früchte lasse ich hungern
Wenn ich deine Hand halte
Aber wenn du deine Dahliengestalt abwendest
Füllen sich meine Augen mit Nebel und Trauer
Ohne dein Licht beugen alle Kleeblumen
Ihre Köpfe und lösen sich auf in Gebet

Und die meiner Einsamkeit anvertrauten Geranien
Mit ihren starken fetten Händen
Und die tausend Herzen der Begonien
Auf dem dunkel gewordenen Fenster
Drehen sich deinem Lichtstrahl entgegen
Du ahnst nicht wie verloren alle Bienen sind
Die die Waben meines Hirns mit Liebeshonig füllten
Wenn deine Abwesenheit alles mit Nebel bedeckt
Mitten in unsrem hochherrschaftlichen Sommer

Die Reise deiner Gedanken

Deine Gedanken zehntausend Pfeilchen aus feurigem Kupfer
Reisen als Eilgut unter der Oberfläche deiner Haut
Dem platten noch unbekannten Pole zu

Ich könnte deine Gedanken wie ein gebieterischer Schäfer
Über steinige Wege führen dem Mondfeld zu
Wo die Funken unserer Erinnerungen wohnen

Aber sie werden ganz allein die Frische der Kresse finden
Die auf meiner Schulter welkt
Und diesen Sternanis

Der zwischen unser beider Augen glänzt
Und aus den vergessenen Provinzen
Das Gefolge verwitweter Engel anzieht

Zwei Liebende auf dem Goldbalkon

Während wir auf dem Goldbalkon der Liebe saßen
Während sieben Dienerinnen deine Haare kämmten
– König und Königin von Babylon –
Gekrönt von der untergehenden Sonne
Über dem Ost-Westfluß aus fleckenlosem Blut
Unter dem hohen Tor der Brooklynbrücke

Während wir auf dem Goldbalkon der Liebe saßen
Fuhren sieben Millionen
Durch die Tunnels des Tartarus
Kamen aus welchen Spiel- und Pandorabüchsen
Sieben Millionen Menschen
Um uns zu grüßen auf der Titelseite der Zeitung:
»ZWEI LIEBENDE AUF DEM GOLDBALKON SITZEND«

Erinnere dich …

Erinnere dich des sanften Mooses
Der Samtpfote
Die die Zeit diese unergründliche Katze
Auf dich legte bevor sie dich biß

Und unter dem Schaum des Samtes
Erinnere dich an den passiven Stein
Den Stein von guter Qualität
Der echten Felsen der Vorzeit

Erinnere dich des Wassers
Des grünen Wassers der Quellen
In die du deine Augen warfst
Und tausend Blicke der Erde dir antworteten

Erinnere dich des blauen Wassers
In das du deine Seele warfst
Um sie zu waschen und auszuwringen
Wie es die Wäscherinnen tun

Es war ein Brunnen
Wo der Wald der Wasserkresse
Das Geheimnis barg
Des ersten Blattes seit den Engeln der Schöpfung

Dein Blick

Dein Blick erwartet mich auf dem Grund der
Jahrhunderte
Und auf dem Grund der Saphire
Die sich niemals ändern
Dein Blick ist meine Wahrheit
Meine wiedergeborene Quelle aus dem Schlaf der Steine
Und des Fleisches

Dein Blick suchte mich auf dem Grund der Jahrhunderte

Der Mond deiner Brust

Deine Tür war offen und dein Mund so geschlossen

Deine offene Tür und dein geschlossener Mund
Und in der Blässe deines Zimmers
brannte der Mond deiner aufgehenden Brust
Der neue unsichtbare Mond des Geliebten

O auf deiner Schläfe
Das Gift der Einsamkeit
Ein großer phosphoreszierender Fleck
Die Wunde eines Himmels

Am Ende der Horizonte

Wie keiner ungestraft in die Sonne sieht
Ohne zu erblinden
So verlor ich mein Augenlicht
Weil ich dich zuviel ansah

Und ich verlor das Gleichgewicht,
Vergessen hab ich den Namen Gottes,
Verraten würde ich die Menschheit!

Dein Auge hat den Mond ersetzt,
Unermeßlich und hypnotisch
Belauert es mich die lange Nacht!

Hinter deinen blonden Brüsten
Sind Erde und Himmel verschwunden
Ich bin am Ende der Horizonte ...

Liebessäufer

Liebessäufer, immer seh ich dich doppelt
Immer wechselnd in deiner Metamorphose
Unter dem Rosenblatt deines Augenlids
Entquillt dem Statuenblick die verwirrende Träne

Bist du vom Geschlecht der Steine
Zärtlich zu dem der dein Bild meißelte
Hart zur Eifersucht des Alters
Dem Willen des Fels, der Liebe der Primeln?

Geistin

I. Fassung

Von deinem Aug erschaut
O Geistin
Werd ich erst wirklich

Ungewesener als Tulpe
War ich bevor dein Augenlicht
Mich aus dem Unsein schälte

Nun hör ich zwitschern ihn
Den Vogel der Erkenntnis
Im Traumbaum blauer Nacht

Du erst hast mich entsteint
Endlich kann ich erinnern
Was nie erinnert wird

Aber dich lieben, Geistin,
Wie durft ich Dürftiger
Es nur ein Leben lang!

War ich doch ungewesener
Als Licht des Mondes
Bevor dein Blick mich keimen ließ

Geistin

II. Fassung

Du bist die Goldgeborene
Aus den Wunden der Metalle
Die aus heldischer Geduld
Emporgerankte Dolde

Auch wenn nur einen Tag
Mir zugebeugt
Dieser genügte mir die Weisheit zu bringen
Der Nächste in denen das Gültige reift:

Den raschen Saft der Birne
Wie die ewige Heilkraft des Achats
Durch deiner Augen blaues Fernrohr
Seh ich den neuen Weltball

Du kommst, Geliebte, zurück vom Herbst
Den runden weißen Apfel trägst du
In einem toten Blatt
In denkender Hand

Tapfere, die du mit allem
Lebenden Zwiesprach hältst
Die dem glühenden Gestirn
Mit bloßem Aug entgegentritt

Du Duft, du Bewegung, du Atem
Die mir sagen wie ich dich liebe
Im morschen Grunde
Des ungedeuteten Albs

Dein Kopf

II. Fassung

Du hast einen Kopf aus Knochen, aus Salzen,
aus grauen Blumen
Ich nehme diesen Kopf in meine blutigen Hände
Ich kann ihn schütteln. Ich kann ihn drehen.
Ich höre Wasserfälle rauschen,
ich höre Felsenstücke stürzen

O mein geliebter Kopf
Dies Antlitz diese Silberaugen diese Geigenstimme
Ich drechsle diesen Kopf. Ich kämme diesen Kopf.
Ich laß ihn altern
Und denke niemals: Hier weilt Gott

Ein Baum träumt von dir

Es steht ein Baum gefangen in einem Feld
Und träumt von dir
Er reißt an seinen rostigen Wurzeln
Er klammert sich an seine stählernen Vögel
Er wirft die Blätter von sich, um leichter zu sein
Nun ist er schon ein Winterbettler
Und träumt von dir

Dein Schlaf

I. Fassung

Dein Schlaf ist eine geschlossene Mandel
Die Mandel der Kraft, die Mandel der Reife
Was geht nicht alles vor in diesen Früchten!
Du bist die Erde eines großen Traums
Aus deinem Herzen steigen rosa Mandelbäumchen
O selige umbrische Landschaft
Doch auf dem Hügel brennen die Hütten der Menschen
Und ihre Söhne werden noch vor Ostern sterben
Rostige Glocken schlagen an dein Ohr
Ich höre sie wie in den Muscheln
Die Totenkerzen leuchten durch deine Schläfen
Blut fließt aus deinen geschlossenen Augen
Wehe! wenn du sie aufschlägst
Welche Farbe werden sie haben?

Eines Tages

Die Sonne hat dieselben roten Locken wie du
Das Meer hat dieselben Wünsche nach dem Unsichtbaren
Und die Vögel haben immer Hunger
Trotz ihrer nährenden Lieder

Aber eines Tages werden deine Locken entfärbt sein
Und die Sonne wird die ihren kämmen, im Meer
Werden die kleinen Fische gefressen werden
Wenn du keinen Hunger mehr haben wirst

Und der Vogel der sich auf deinem Stein niederläßt
Wird ganz und gar nicht traurig sein

Dein Körper

Dein Körper auf dem Ozean des Schlafes treibend
Ist das Modell von Millionen Wellen
Sie fließen und fließen zu den Prologen der
Vergangenheit

Kein Seefahrer sah je sanftere Archipele
Enkelin du der Anadyomene
Und Schwester der Zykladen

O wäre ich der Delphin deiner wogenden Ebbe
O könnt ich verlieren dies Menschengesicht!

Sphinx meines täglichen Lebens

Deine Augen sind größer
Als die der wachsamen Iris
Und strahlend wie das Licht
Das aus den Schleusen des Mondes fließt

Unendlich wie die Gerechtigkeit vor dem Bettler
Haben sie das Blau der Ekstase das Rot der Eifersucht
Das Schwarz der Liebe
Einer Liebe so groß daß die entfaltete Pupille
Die farbige Retina zerfrißt
Weit über die Hornhaut hinaus
Hinaus über die Bogen des Horizonts

Sphinx meines täglichen Lebens
Mit dem Fell der Sonne bekleidete Löwin
Dein Atem mächtiger
Als der Samum und die Brandung
Bändigt die erschrockene Wüste
Wie Rosenessenz

Des Weltalls Gemahlin

Eher des Weltalls Gemahlin als die meine
Mit deinen sieben Sinnen halb Vogel halb Undine
Tauchst du aus unsrer Umarmung auf
Noch von dem göttlichen Schwan verführt
Oder schwimmend in dem singenden Fluß
Der Unsterblichkeit

Dein Arm halb Flügel halb Flosse
Von kaum hörbaren Rufen zuckend
Die Angst vor welchem Gott bedrängt
Immer und immer dein Herz?
Eine Angst die stärker scheint
Als Traum und Leidenschaft?

Leg deinen Kopf

Leg deinen Kopf auf den Strand meines Arms
und treibe fort
Vom Ufer des süßen Bewußtseins

Jetzt gehört er mir
Dieser Kopf an mein Gestade geworfen
Getrennt von deinem Körper und vom Weltall
Ein Lotus von seinen unsichtbaren Wurzeln losgelöst

Ja! Unter deinen Lidern brennen die Ninives
Deine Füße schreiten über Straßen ohne Namen
Du bist die Tochter furchtloser Riesen
Ein seltsames Volk bewohnt dein Gehirn
Und eifervolle Mütter schrein in den Kellern

Und doch liegt dein Kopf ruhig an meinem Strand
Und kein Vogel würde es wagen seinen Schatten
Auf deine Stirn zu werfen

Gehörshalluzinationen

I. Fassung

Durchs Ohr der Nacht
Hör ich die blinde Harfenspielerin
Die deine Rippen zupft
Hör ich die schwarzen und die grünen Wellen
An deine Brüstung schlagen
Ein Angsttier stapft durch Scharlachbüsche
Es bersten Brücken über deiner Strömung
Und Berge unversehens
Erbeben vom Gesang des Finks
In deinem Puls

Das neue Wahrsein

I. Fassung

Und plötzlich sind uns unsre Hüter fremd,
Die angstbeladenen Engel, wenn
Sie langsam unsre Herzen schließen
Um ihr ganz neues geheimes Wahrsein

Die Zahmen einst sind zänkische Vögel nur
Und ihre plumpen Fittiche schleifen grau
Im Regen des verstummten Himmels
Während wir goldne Körper tragen

Im Hohenlied entzündet sich unser Geist
Wie tausendfach durchfeuertes Bergkristall
Ist unser Inneres entkleidet
Deine opalne Seele strahlt mir!

Die Nacht ist unser Kleid

I. Fassung

Die Nacht ist ein heiliges Wasser das in uns steigt
Die heilige Nacht das heilige Wasser
Sie steigt bedächtig und erhebt sich langsam
Die Nacht, die dritte Wesenheit in uns
Sie hat ein Herz aus Diamant
Und deshalb scheinen wir von innen so, Geliebte

Die Nacht ist unser Kleid, das uns entkleidet
Sie hat ein schwarz und weißes Fell
Ein Tier der innern Wildnis trinkt sie unser Blut
Das schwarze nicht, das rote nicht, das weiße.
Wie nackt sind wir, Geliebte, so im Kreis der Sterne
Und phosphorn leuchtet unser Doppelengel

Duo

Schädel an Schädel
Unsre zwei Gesichter
Läuten die Liebe ein

Das Morgenrot deiner Haare
Entführt mich dem grauesten Altertum
Der Schwarm deiner Küsse
Destilliert meinen Staub zu Honig

Laß das Meer des Blutes
Um unsre Skelette steigen
Unsrer Hände Sterne
Gehen auf, erlöschen

Herz an Herz
Auf dem Grund des Fleisches
Läutet die Totenglocke

Der Farbenvogel

Schwarz-weiß-schwarz
Violett violett
Lichtblitzlicht

Höllenphosphorgold
Des Eulenauges Stern
Im Federgefieder

Halbschwarzer Schnee
Der Zeit Eisen in meinem Blut
In deinem Blutblumenmund

Ich singe und ich senge

I. Fassung

Deine Stimme hat mich in Feuer verwandelt
Ich bin ein Waldfeuer, ich bin ein Vogelfeuer
Ich bin ein Sonnenfeuer
Ich singe und ich senge

Dein Aug hat mich in Wasser verwandelt
Ich bin ein mildes unschuldiges Wasser
Ich bin deine Überraschung
Der gedankenverlorene Wasserfall

O Geliebte, ich bin Feuer und Wasser
Ich bin Vollendung und endloser Sturz
Du hast mich in Bewegung gesetzt
Ich bringe dir alle Nester der Freude

Mit meinen Blättern brenne ich
Für dich brennen die Dornbüsche denen der Engel entflog
Die Hirsche mögen bersten im Sprung
Hörst du die Flügel des Rauches schlagen?

Ich liebte dich ...

Ich liebte dich als die Achate im Schoß der Berge
Nichts andres noch waren als zitternde Lichter der
Dämmerung
nichts andres als Tränen der Dryaden

Ebensooft wie die Rose neu aus der Asche blüht
Ebensooft sprudelt das Blut aus meinem Herzen

Wie das Rohr des verborgenen Brunnens
Schauert mein Rückenmark wenn du dich näherst

Durch tausend Straßen ohne Ende ohne Schlaf
bin ich gegangen
Bevor die Spuren meiner Füße auf ewig
Zusammenschmolzen mit den deinen

Unberg

Dem Unberg kaum entstiegen
Dem Untier meines Fleisches enthungert
Im Unmeer meiner Augen
Ertrinkt der Sonnenfisch
Und das Millionen-Ich verweste

Doch ungewesener war nichts
Als dieser Untraum
Bevor dein Augenlicht mich schälte

Aus Nebelfleisch
Aus Windwort
Aus Unsein mich hervorgeliebt

Auf deine Erde hingeschattet
Meiner Seele Unsang
Sang was nie erinnert wird

Deine Stimme

O deine Stimme kam zu mir durch die eiskalte Nacht
Sie kam wie das Licht des Sterns, das Jahrhunderte
Jahrtausende Jahrmillionen durchwandert hat
Sie schmolz das Blei der Berge
Sie überwand die Schatten der Täler
Wie der Ligusterfalter im Flug zur Juligeliebten
Sie rauschte mit den sieben Tönen des Wasserfalls
Sie wärmte wie der braune Samt der Bienen
Sie legte einen goldenen Flügel
Auf meine Kammer
Auf mein Herz
Am Tage des großen ruhigen Todes

Das Zauberwort

O laß mich in dein silbern Ohr
Das Wort das lang verhaltene
Versenken

Vergrab es gut das Wort
Das ich aus dunklem Grabe für dich goß
Es ist das Zauberwort des Schicksals
Verlier es nicht
O laß es nicht verwehen

Wir fänden nie zu uns zurück
Ich fände nie zu uns zurück

Blutrose

Im Winter hatten alle Bäume
Schon ihre Namen und Vögel vergessen
Sie standen wie Bettler im Walde

Und eine Staude stand im Wind
Viel ärmer und schmäler als alle:
Sie hatte die magersten Arme

Doch als ich näher kam
Den einen Zweig zu kosen
Da blutete sie jäh

Und aus dem großen roten Tropfen
Formten sich runde volle Rosen
So bluten nur die Heiligen, die Liebenden

O Sommerangesicht

O Sommerangesicht
o goldener Balkon des Lächelns
Laß ruhen mich unter dem seidnen Vorhang
deiner Wimpern

Das braune Korn steht hoch und reif
Verborgener Mohn brennt im Wind
Ich höre die kleinen Bäche deines Lachens rinnen

Ich fange die gelben Falter
In deinen Augen: halt still
Es läutet Mittag in meiner Brust

Warum ich stark bin

Warum ich stark bin:
Ich trage die braune Rüstung der Ritter
Um das kleine ächzende Herz

Nun bin ich gewappnet gegen den Übermut
Und gegen Mörder in meinem Blut
Nun hab ich den Helm gegen dunkle Gedanken
Beinschienen wenn meine feigen Knie wanken
Und selbst mein Gesicht ist umgittert
Für die Gefahr meines Spiegel-Ichs

Der Regenturm

In den Turm des Regens
Schloß ich unsre Liebe ein
Warf den Schlüssel deiner Rückkehr
In des Brunnens Schacht hinein

Aus deinen Regenhaaren
Webst du unsre Linnen
Aus deinen nächtlichen Träumen
Sollst du mir nicht entrinnen

Aus deinem Regenlachen, Geliebte,
Aus dem Echo des Turms
Wächst die Unvollendete
Sinfonie des Liebesstürms

Tanzende Rose

Geliebter Kopf: o Rosenfleisch
Den Geist aller Rosen enthältst du

Tanzende Rose im Weltwind
Der Unaufhörlichen Ergriffenheit

Halb Gesicht, halb Blume
Überquellend von Ewigkeit

Eine kleine Biene und ich
Trinken am Gold deines Herzens

Leugnend daß jeder brennende Rosenbusch
Den Totenschädel verbirgt

Die Tiefseetaucherin

Und trotzdem lasse ich dich jede Nacht
Untertauchen in die Tiefsee des Schlafs
An gefährlichen Kais der Ekstase irren –
In verdächtigen Vierteln der Leuchttürme
Tanzest du am Arm der Madreporen
Während du vorgibst zu schlafen

(Deine vertrocknete Hand hat sich verhakt
In der meinen wie ein Anker
Oder wie eine Rose von Jericho:
In ihrer Erwartung scheint sie tot zu sein)

Dann wenn du wieder den Rand des Brunnenschachts
Erklimmst, trunken vom Meskalin des Traums
Sternscherben in den Augen
Reichst du mir einen Strauß von Korallenfischen
Den dir jemand schenkte, du weißt nicht mehr wer ...

Ich gebe vor nicht eifersüchtig zu sein

Auf dem Balkon deiner Stirn

In deinen Armen weicher als Schnee
Umarme ich den Mörder
Der die Treppe deines Rückgrats ersteigt
hinter deiner Lunge verbarg er sich
Mit den Flügeln der Schimäre bekleidet
Und zückte sein Schwert gegen dein Herz

Im Winkel der Nacht
Hinter den Kronen deiner Brüste
Schleichen die Wölfe herum
Im Abgrund deines Schulterblatts
O was für eine Menge stampft in dir
Aufrecht auf dem Balkon deiner Stirn
Eine Menge von Irren, von Fakiren

Mahlt dein Fleisch zu Mehl
Spielt Posaune in deinen Augenhöhlen
Matrosen drehen die Räder deiner Augen
Für die Abfahrt ihres Schiffes
Heuschrecken der Lust
Haben deine Kleefelder überfallen

Uneinnehmbare Festung

I. Fassung

Der Turm deines Halses, die Zinne der Stirn
Die Wolke deines Haares
Eine lange Belagerung steht mir bevor
Ein großes Volk wohnt in deiner Festung
Von frühen Wanderungen ernst
Es schmausen alte Könige an deiner Tafel
Ich habe schwarze Musik zu bändigen
Und rote Magie
Jaguare sind deine Lieblinge

Nun die Mauern deines Turms wären zu erklimmen
Und die Wolken deiner Haare zu zersprengen
Aber furchtbar zu bekämpfen ist dein Auge
Das aus meinen Händen alle Waffen schlägt

An Liliane

Weil du den tiefen See hattest
Mit weißen Segeln in den Augen
Blieb ich an deinem Strand

Dein Atem duftete nach Flieder
Und nirgends waren Büsche aufgebrochen
Als wärst du eben grade aufgeblüht
Und zittertest von Bienen

Ich sah nicht viel von deinem Antlitz
Aber der reine blaue See, der Vogel
Der mich aus deiner Tiefe rief ...

Von allen Königinnen von Tyrus und Babylon

I. Fassung

Von allen Königinnen von Tyrus und Babylon
Von allen Huren von Kreta
Von allen Palmen von Palmyra
Hieltst du zurück die Weisheit im Blut
Den Edelmut in jedem deiner Worte

Das Murmeln des finstern Tajo tönt in deinem Blut
Und die Melodien der Brunnen von Korinth

Gebeugt über deine Lippen
Hör ich die Monologe der Götter
Gebeugt über deine Augen
Seh ich zurück bis zur Geburt der Welt

Begegnung mit der Quelle

Einen Augenblick lang traf ich sie
Die Quelle der man nur einmal begegnet
Wie die seltene Liebe
Unter dem Wald der Wimpern und Lächeln

Die Quelle floß wie eine Stimme
Wie tausend Stimmen weißen Wassers
Grünen Wassers blauen Wassers
Und ich warf meine Seele hinein

Meine schon etwas abgenutzte Seele
Wie Wäscherinnen ihre Laken
Warf ich meine Seele ins ewige Wasser
Um sie auszuwringen bis zum Glauben

Quelle, jeder Minute eine andre
Unter dem Vorhang der Brunnenkresse
Über dem vielfachen Geheimnis der Schöpfung
Quelle, unzähmbar wie deine Forellen

AN C.

Jeden Morgen entsteigst du dem geschlossenen Busch
Schiebst des Traumes Äste auseinander
Tauchst empor aus der Nacktheit der Urzeit
Wie die Wahrheit die die Eischale sprengt

Aber du bist weise wie der Dotter der Sonne
Und reich genährt von der Wahrheit der Erde
Noch trächtig von einer gesunden Erkenntnis
Du die weit fort war während vieler Stunden

Du die in der Fabrik Gottes arbeitete
Eher seine Beraterin als seine Angestellte
Mit der Voraussicht der Birke
Der die Erregung auch die Hüfte beugt

In jedem Augenaufschlag neu geboren
Quell-Frau aus dem Tal des Salzsees
Bach des Bergs mit den Nasenlöchern aus Enzian
All meine Nahrung geht durch dich hindurch

Liebst du mich?

Mein östliches Aug wandelt über dir
Wie der zunehmende Mond
Mit Minzgerüchen füll ich
Deine zwölfte Stunde
Ein zarter Vanillewind
Regt deine Gedanken auf

Eine meiner Veilchenstimmen
Rankt bis in dein Ohr
Sie greift wie mit Wurzeln
In die Fontanellen
Hörst du mich? Hörst du mich?

Mein Augmond steigt über dir
Das Große und das Kleine Meer
Schlagen schon blaue Wellen
Liebst du mich? Liebst du mich?
Der Mond steht über Arabien
Sein Jasmin dringt bis zu dir

Mein Auge magert ab.

Geadelt

Oft war ich von dir abgewandt
Unsterbliche

Und sah nicht deine weiße Hand
Mir von Ägypten winken

Ich lief abseits von den Bächen
Die ganz aufgeregt von dir sprachen

Und ich nahm von dir den Blutkuß
Ahnend nicht, daß ich geadelt war

In deinen Haaren reift der Waldmeister

I. Fassung

In deinen Haaren reift der Waldmeister
In deinen Augen schnellen die Forellen
Und erlöschen die Blitze
Du bist die feurige Landschaft
Der fliehenden Nachmittage

Umsonst versuch ich deine Füchse einzuschüchtern
Und deine Ameisen zu züchtigen
Frauentier Tierfrau
O Tochter der toten Träume
Kunstreiterin des rasenden Zodiaks:
Dich lieben heißt das Menschliche verlassen

Der blaue Vogel deines Auges

Warum muß ich deine Backenknochen spüren
Wenn ich den Apfel deiner Wange streichle?
Bröckelt die Tünche schon vom Gerüst aus Kalk?
Der blaue Vogel deines Auges sträubt sich
In einem Blick der schon den Sturm erwägt

Mag ich dich auch noch soviel betrachten
Noch soviel noch soviel
Lang vor der Morgenröte
Hat sie mein schweres Augenlid verdrängt:
Deine Fleischhand in meiner Staubhand

Deine Hände

II. Fassung

Geliebte, deine linke Hand ist eine Blumendolde
Die rechte eine Knochenblume
Die beiden segnen mich
Die beiden nähren mich
Mit Milch mit Blut mit Vögeln und mit Lämmern
Die Zeit ist eine stumme Richterin
Kaum wechsle ich den Blick von einer Hand zur andern
Bin ich ein Greis geworden

Meine unendliche Landschaft

II. Fassung

Von den Fichten, von den Veilchen, von den Farnen
Die frohe Tochter ist meine Geliebte.
Die Düfte des Waldes sind in ihr vereint
Sie ist meine unendliche Landschaft
Die Quelle mit dem Ewigkeitsrausch.
Sie ist die Erde der Pflanzen. Sie ist der Quarz der Tiefen
Ganz unsichtbar vor so viel gefangenem Licht

Dein Veilchenstrauß

Von deinen Veilchen war der Tag so blau
Sie hatten Köpfe länglich schiefgehalten
Und senkten sie wie Pferde an der Tränke

O Veilchen einer schwarzen Erde!
Nun trinken müssen an den fremden Wassern
Von meiner unbekannten Hand!

Sie blieben aber blau bis in den Abend
Und dufteten so blau bis in den Tod

Auferstehung

I. Fassung

Unter jedem Stein ein Same dem Verderben geweiht
Unter jedem Samen schon das Ungeziefer
Das den Tod ißt und verdaut

Schwarzer Schmetterling des Nichts
Zerreiß den Kokon gestriger Sommer
Wiege dich auf dem Marmor

Und lege deine Eier in die Nasenlöcher
Unaufmerksamer Götter
Begraben unter einer Lava von Larven

Von den Atomen der Liebe besiegt
Tod, was kannst du gegen die Auferstehung
Der Liebe der Unsterblichen Geliebten!

Auferstehung

II. Fassung

Unter jedem Stein ein Brot des Todes
Und unter jedem Tod schon das Gewürm
Das den Tod frißt und verdaut

Tod! Tod in der Erde und im Silex
Unter jedem Weizenkorn
Ein Berg schwanger von Tod

Die Mittagssonne
Magerer als die Verurteilten
Rührt kaum an das junge Gras

Und an den Tod der brennenden Witwe –
Halbmond geht auf in meinem Nagel
Zum letztenmal!

Geliebte mein Wasser

II. Fassung

Geliebte mein Wasser! Geliebte mein Feuer!
Mein durchsichtiges Wasser. Mein verschleiertes Feuer.
Geliebte du mein Wasserfall!
Geliebte du mein Feuerflug!
Hinab hinab mit den Wassern!
Hinauf hinauf mit den Feuern!
Mein gehorsames Wasser. Mein löwenmähniges Feuer!
Mein Wasser des Lachens. Mein Feuer der Wollust.
Fische leben in deinen Augen.
Vögel brennen in deinem Haar.
O mein unschuldiges Wasser! Mein hungriges Feuer!
Aber trügen nicht die Seen?
Aber reinigen nicht die Scheite?

Geliebte! Mein fliehendes Wasser!
                    Mich wärmendes Feuer!
Wassers stete Verschwendung. Feuers stete Verwandlung.
Wasser mein Sturz! Feuer meine Heiligung!
Wasser! Feuer!
Geliebte! Geliebte!

Wir Sterbenden sind übermütig

I. Fassung

Es tanzt der siebenarmige Gott für uns
Es tanzt der feuerarmige Maskentag
Wir Sterbenden sind übermütig
Unsre Asche bedeckt die Tempel

O Sonne werde grausam mit jedem Korn
Leg deine Todeseier in unser Ohr
Auf daß aus jeder Schädelspalte
Die kupferne Blume des Irrsinns blühe

Die Wasser neugeschwängert mit Otternlaich
Die Winde angekränkelt von Einsamkeit
O goldverbrämter Totenwagen
Deine vier Rosse mit Blei behuft

Viel wilde Frucht mit trockener Spreu gefüllt
Viel Ackersaat verfault von den Überschwemmungen
Deiner entfesselten Tränenfluten
Aber die Stele unsrer Liebe trotzt jedem Zyklon

Claire an Ivan

Ich hab dich beten hören nebenan

Ich hab dich beten hören nebenan:
Es klang wie Orgel,
Wie Brunnenseufzer zur Nacht,
Wie Wind der über biblische
Städte und Meere gereist.

Auch Kinderglaube war in deinem Gebet,
Segen der Väter,
Hingabe an das fernste Leid,
Demut vor Verstorbenem,
So viel Liebe für alles was lebt ...

Wie gern hätt ich deine Hand geküßt,
Die gefaltete, aber wo einer kniet
Ist immer ein Engel zugegen.
Ich hab dich beten hören nebenan:
Es klang wie ein neuer Psalm Davids,
Der den Goliath in sich erschlug

Unschlaflied

Vorgestern spiegelte ich dich:
Sonne
Nachts spielten wir Stern
Fingen Wind
Gestern regnete es schon
Aber heut ist es erdkalt
Meine Augen frieren zu

Öde Weiher
Scherben auf dem Grund
Rostige Nägel
Und ein ertrunkenes Herz
Moder
Stille
Nichts rauscht mehr von dir:
Sonne Wind Stern

Neben dir

Neben dir
Blinden meine Augen
Die Straßen kreisen
Meine Augen küssen deinen Mantel
Bäume treiben Vögel
Nelken sind mit Liedern gefüllt

Deine Stirn ist mein Berg
Über deinen Blick
Steig und stürz ich
Ins Irgendwo
Einer Bacchantin Füße
Einer Säuferin Herz
Von hundert Liter Liebe trunken

Du-ich

Wir sind traumblumig
Vom selben Licht
Von gleicher Dämmerung
Aus Sternasche
Schon vor unsrer Geburt
Waren unsre Wesen eins
Und nach dem Tod
Werden wir uns wieder suchen

Durch die Zeit
Durch den Raum
Stürz ich mich
In dich
Knabe-Gott
Sinke wieder
Unendlich
Ins Ur

Frau

Auf mich wartete die gütige Hand
Des Freundes, Mannes, Geliebten –
Aber ich fuhr in die Rue de la Paix,
Zog einen irdischen »Ausverkauf«
Dem himmlischen seiner Träume vor.

Auf dem kalten Boulevard
Ließ ich ihn frierend allein
Mit der Traurigkeit
Und ging ins Kino
Begleitet, Zeit verspielend.

Und abends verschenkte ich das Lächeln
Das ihm gehört
Und überhörte seinen Schrei,
Den Einsamen,
Beim Tango

Während der ätzende Mond
Ein Loch in sein Herz brannte
Und Uhren Unwiederbringliches schlugen,
Draußen in der Allnacht,
Schlief ich.

Dichtersorgen

Sorgen, Liebster! Sind Sorgen
Rosa, blau und grün,
Voll napoleonischer Runen
Wie diese Steuerzettel?

Wirf in den Rinnstein
Die Blätter fossiler Beamter,
Die nicht ahnen welch vererbtes Kapital
An diamantenen Sternen wir hinterzogen haben

Wirf in den Mülleimer
Die Rechnungen der Bäcker, Krämer!
Sind wir nicht Multimillionäre?
Tropft nicht das aristokratische Blut

Unrer Geranie auf die grünen Hände
Am Sims unsres Mansardenpalasts? –
Wenn das Finanzamt wüßte
Welche Rente uns die Geranie trägt

Welch hohen Zins jedweder deiner Verse
Hätte der Gerichtsvollzieher
Ihnen längst sein Siegel aufgedrückt.
Geld macht arm, Krösus der Liebe!

Nachtmusik

Zur Nacht wenn du mich schlafend glaubst
Und fast unhörbar Chopin spielst
Fällt mir ins offne Auge
Das Licht noch unentdeckter Sterne.

Betäubt vom Rauschgift deiner Töne
Von ihrem Chloroform benommen
Flieg ich mit deinen Flügeln fort,
Dem Bettler und dem Heiligen verschwistert.

Du bist der Gott der mich verwandelt
Wie die Gestalten der Mythologie:
Der Goldregen in Danaes Schoß
Er war nichts anderes als Samen der Musik.

Streit

Nichts ist stark genug
Dich von mir zu trennen:
Kein Meer, keine Stadt, keine Frau,
Aber wenn du die Lippen zusammenpreßt
Irr ich wie eine Blinde hilflos umher,

Liegt zwischen uns ein furchtbarer Abgrund,
Tiefer und wilder als der große Canyon.
Wenn das Lächeln auf deinen Lippen untergeht
Wird's Nacht im hellsten Mittag,
Bist du unerreichbarer als ein Stern.

Bankrott

Du beraubst mich
Des Radiums deiner Augen,
Des Morphiums deiner Lippen,
Ich finde kein Gold mehr
In deinen Adern:
Eine Wahrsagerin hat mir längst
Ihr Versiegen prophezeit.
Von was soll ich leben?
In welches Land flüchten
Um den Bankrott meines Herzens
Nicht anmelden zu müssen?

Mai, süßer Revolutionär

I. Fassung

Und Schwalbe schläft mit Schwalbe
Unter unsrem First.
Der Täuberich im Schlag
Bringt der Erwählten goldne Körner.
Vor jeder Paarung beutelt unser Spatz
Die Spätzin zart am Schopf.
Die Amsel zeigt dem Weibchen einen Wurm,
Im Garten unten, aufgeregt von Mai.
Längst ist der Steinkauz
In dem Loch des Buchenstamms
Nicht mehr allein mit seiner Klage.
Und unsre siamesische Katze wirft sich
Irr schreiend, um sich selbst herum.

Die Kreatur drängt hin zu Kreatur,
Wo immer zwei, streben sie eins zu werden,
Kostbare Arten gilt es fortzupflanzen,
Hörig ist jedes Wesen der Natur. –
Nur ich, die mehr vom Frühling weiß
Als das Getier, darf dich nicht rufen,
Denn du suchst Liebe irgendwo
Unter zerfetztem Similibrokat
Von Baldachinen, die man kaufen kann.
Und hast das Hohelied der Einsamkeit gesungen
Und weißt wie keiner um Verlassenheit ...
Doch Abenteuer macht dich unbeschwert:
So hältst du nicht mit mir die Bluthochzeit.

Mai, süßer Revolutionär

II. Fassung

Seit du mich verlassen hast
Wird's nicht mehr Tag.
Mit der Zeitlupe kriechen die Nächte
Winter verfolgt mich durch alle Monate.

Vergast sind die Blumen des Frühlings
Die Natur nichts als Staub
Wo ich gehe verdorren die Veilchen
Wenn ich mich nähere welken die Anemonen

In meinem Kalender
Fehlt der Monat Mai:
Sonne, Blüte, Duft:
Wer verlassen ist, siecht an euch.

Mai, süßer Revolutionär,
Furchtbar sind deine Waffen!

Ich lieb-hasse dich

Wie in alten Märchen
Wünsch ich dir ein Bett von Jasmin,
Schierling an die Wegränder
Deiner treulosen Träume.

Wenn ich dich wiedererwecken könnte
Tötete ich dich vielhundertmal
Mit dem Strychnin meiner Gedanken,
Mit meiner Tränen Belladonna.

Ich lieb-hasse dich
Möchte den Cancan tanzen
Vor deinen starren Fayenceaugen
Und möchte doch, daß du niemals stirbst.

Könnt ich mit liebevoller Kunst
Deinen Schädel schrumpfen
Wie eine Kopfjägerin Brasiliens,
Anstatt deine Hände zu küssen, Mörder!

*Jamais deux sans trois**
(Zwei niemals ohne Drei)

A B und C sind die bekannten Größen
Die Unbekannten Z und Ypsilon
Doch wozu Gleichungen, wozu sie lösen?
In deinen Bernsteinaugen zuckt das Elektron.

Bekanntlich ist die Null dem Ypsilon gefährlich
Es fällt sein Wert wenn sie ihm näher rückt
Und trotzdem hat die Null das Ypsilon entzückt
O warum kam die Null auf diese Welt!

Die Null, das glatteste von allen Zeichen,
So viele Völker lebten ohne sie
Warum erfand mich zu verderben
Die Null ein mathematisches Genie?

Glückliche Römer, die das Dezimalsystem
Und unsre Null nicht kannten:
Null runder wie der Kreidekreis
Dem der Skorpion nicht zu entrinnen weiß

»Leer ist die Null. Ist eine Seifenblase.«
»Für Aristoteles gab's keine Leere«,
Sagst du mit philosophischer Heiterkeit ...
Womöglich birgt die Null eine Ekstase?

* (französisches Sprichwort: »Jamais deux sans trois«)

»Du rechnest wie ein Kind der ersten Klasse«,
Spottest du und beweist:
»Eins plus eins ist seit jeher zwei«,
Jedoch in unsrer Zwei versteckt sich Schlange Drei.

»Ihr Köpfchen deckt den Januskopf der Zwei
Der Hälfte eines Fragezeichens ähnlich:
Die Lösung des Problems ist schwierig
Brecht Logarithmentafeln, brecht entzwei!«

O eine Null in die Potenz erheben!
Die Unbekannte siegt in unsrer Rechnerei.
Stets war die Letzte ich in Algebra
Und Dritte im Proverb: »Zwei niemals ohne Drei«.

Verwünschung

Verräter
Wie ich dir fluche
Und mich hasse weil ich dir fluche
Wie ich dir den Tod wünsche
Und tausend ewige Leben
Und ganz Paris mit all seinen Frauen
Bis auf die Eine
Und ein Kerkerloch
In dem dein Gebein herumliegt
Kegelspiel für Ratten.

Wie eine Zauberin
Verwünsche ich mich
Weil ich dich verwünsche.
Und wünsche dich doch hundertjährig,
Möchte für dich bis ans Ende der Welt
Barfuß auf spitzen Steinen gehn
Möchte schießen in dein Herz
Mitten in dein Herz.

Kurzschluß

Wie oft in tausend Jahren
Mögen wir uns schon begegnet sein?
Vielleicht warst du in einem indischen Märchen
Der blühende Brotfruchtbaum
Und ich die leichte Biene?

Warst du der Kolibri
Auf einer kaum gebornen Insel
Ich die Hibiskusblüte?
Wer kann das Gegenteil behaupten?

Steckt nicht von unsrer Zärtlichkeit
In jedem Vogelei von dem wir träumen?
Und baut nicht unsre Liebe mit
Wenn Blumensame einen andern sucht?

Und nun da wir durch die Straßen
Des zwanzigsten Jahrhunderts schweben
Der Zauberformeln chemisches Produkt
Die Batterie des Herzens

Mit tausend Volt geladen
Glaubst du du mußt nach Osten gehn
Und schickst mich fort nach Westen
Sollst du nun Sommer und ich Winter haben
Du und ich nicht dieselbe Jahreszeit?

Heimkehr

Seit zweitausend Jahren warten wir
Im härenen Schlafrock
Auf Odysseus' Heimkehr

Kalypso und Circe –
Vorwand für seine Irrfahrten –
Sind noch immer klassische Ausreden

Penelope gestern Penelope heute
Warten wir Asche im Haar:
Der Sage nach müßte jetzt Argos bellen

Der Hund der den Herrn im Bettler erkannte.
Was tun, wir haben keinen Argos
Und vielleicht entgleist dein Zug?

Verstört seh ich dein Bild auf dem Kamin
Wie im Vexierspiegel verzerrt
Einmal konvex, einmal konkav.

Das Fenster zittert in meiner Hand
Als wollte es vor Angst zerspringen:
Vielleicht bringst du die Fremdlingin

In deinen goldenen Augen mit?
Wie dem auch sei! Mein Kapital
Hab ich in Rosen angelegt.

Fort mit euch, freche Freier!
Was kümmern mich Kalypso, Circe!
Du kommst zurück!

Die Leibeigene

Ich will sie gerne weinen
Die Tränen, die du so liebst,
Du bist der Herr. Doch laß ich mich
Als Sklavin nicht verleihn

Ich weiß, du brauchst die Qual
Du liebst die Eifersucht
Und leihst mich darum
Fremden Armen aus.

Du mußt den Stein
Ins ruhige Wasser werfen.
So wirfst du mich wie ihn
Auf daß wir Kreise ziehn.

Stumm ist der Stein
In seinem harten Sein
Man kann ihn werfen andern zu
Und er bleibt doch allein.

Zeit-Vorrat

Du verschwendest unsren Vorrat an Zeit
Unsre kurze Unendlichkeit
Wir müßten Herz an Herz
Stetig in die Höhe wachsen
Wie die weisen Pflanzen am Fenster
Doch du züchtest im Herzen
Das Unkraut der Unruhe
Und nimmst wie eine Droge
Die Pillen des Unglücks ein

Ein Junge der des Löwenzahns
Samenball mit dem Schuh wegstößt
Bläst du unsre Traumsamen fort
In kunstvoll durchlöchertem Krug
Sammelst du die Regentropfen
Wie jeder einmal im Leben sammelt
Für kommende Jahre der Dürre
Ach! Seifenblasen läßt du steigen
Sind sie doch nicht zu ergreifen

Du verschwendest unsren Vorrat an Zeit
Unsre kurze Unendlichkeit

An den Nachtigoll

(Volkslied)

Die größte Qual jener Nacht
War die Nachtigall ... ohne dich.

Der Mond lachte wie ein Totenkopf
Und machte sich lustig über mich.

Sie sang wie du, so liebessüß,
Brachte den Frühling um die Ruh.

Und als sie immer lauter sang
Hielt ich mir die Ohren zu.

Denn sie hatte dich vertont
Deine Lieder in meinem Hirn.

Ich schloß Tür und Fenster
Aber sie sang hinter meiner Stirn.

Nein, es gab keine Flucht
Die Nachtigall war in mir.

Und sie sang immer weiter
Und immer nur von dir.

In jener sterbenskranken Nacht
Hab ich des Nachtigolls gedacht

Der der andern die Primeln pflückt
Und sie mit unsern Sternen schmückt.

Du sagst: »Verzeih!«

Von dir lernte ich Liebe und Tod
Ohne dich wäre ich nie gewesen
Ohne dich glaubte ich keinem Gebot
Ohne dich wären die Wälder Staub
Ohne dich gäbe es kein Brot
Ohne dich klängen Gebete leer
Ohne dich kein Morgenrot - -
Schieß in mein Herz
Zweifel und Schrot
Ich hab dir nichts zu verzeihn

Vor dir lebt ich im Kohlenschacht
Von dir lernte ich Anfang und Ende
Durch dich hindurch hab ich gedacht
Du setztest mir neue Augen ein
Tausend Wunder hast du vollbracht
Das Reich das du mir aufgetan
Ist von hoheitsvoller Pracht
Und wenn es gut ist für dein Werk
Töte mich jede Nacht
Ich hab dir nichts zu verzeihn

War es ein Traum …

War es ein Traum
Als ich in goldenem Taxi
Mit dir durch den Montag schwebte
Als meine Hand wie ein Vogeljunges
In der deinen bebte?

Die Bäume der Boulevards
Warfen ihre Sehnsucht
Durch das Fenster des Wagens
An jedem Haus flammte das Neonlicht:
ICH LIEBE DICH

War es im Traum
Daß wir irgendwo ankamen
Und landeten auf der Erde?
Welch tödlicher Unfall raubte dich mir?

War es ein Erdbeben
War es ein Herzbeben?
Nur deine abgerissene Hand
Liegt noch warm in der meinen

Orpheus mit der Gitarre

Wenn jemand die Gitarre zupft
Springt immer eine Saite meiner Seele.
Wie damals sehe ich dich, bleicher Musikant,
An eine Straßenecke hingeweht:
Und laut weint die Gitarre unter deiner Hand.

Welcher Eurydike zugewandt
Spieltet ihr da ein schluchzendes Duett,
Du und dein Schatten neben dir,
Passanten völlig abgewandt,
Die Münzen warfen in den Doppelhut?

»Orpheus, Musikant des Herbstes,
Vergessen hat er Griechenland...«
Vergessen auch Paris, das er durchquert:
Er sieht den Wagen nicht, mit attischem Wind beladen
Den Schicksalswagen, der ihn überfährt.

Und seitdem weiß ich nicht, wenn ich erwache,
Wo Traum beginnt, wo Wirklichkeit,
Ob die Gitarre wahrhaft klingt,
Ob unsre Schatten noch am Körper hängen,
Ob, was uns streift, die echte Zeit.

Du weinst über mich

Die Erlen tragen Frucht
Und du weinst
Am Apfelbaum reift die Erkenntnis
Und du weinst
Die Wundermalve öffnet sich
Und du weinst
Das Sumpfherzblatt hat Glück vergoldet
Und du weinst
Ein Nachtpfauenauge strahlt
Und du weinst
Der Thymian duftet nach Liebe
Und du weinst
Der Mais stößt seinen Kolben
Wie ein Geschlecht gen Himmel
Und du weinst

An welchem Fels meinen Kopf zerschlagen!
Du weinst über mich!

Fernruf

In meiner Hand
Halte ich deine Stimme
Rosen zwitschern fiebernd
Ich klammre mich am Hörer fest

Über sechshundert Kilometer hinweg
Leitet der Draht den Schlag
Deines Herzens in meins
Ein Rettungskabel warfst du mir zu

Ich küsse den Hörer
Wie Haschisch trinke ich deine Worte
Betrunken, versteh ich nicht eins
Deine Stimme zieht mich zu Boden

Ich kann nur knien
Wenn du zu mir sprichst
Und die Hände falten um den Hörer
Wie um ein kostbares Gebet

Ach so zu schmerzen von Ungesagtem
Von deinem Atem zwischen zwei Worten!
Über sechshundert Kilometer weg wirfst du
Deinen magischen Schatten

Warum bist du so überirdisch groß?
Hinter meinen geschlossenen Lidern
Fängst du an und hörst wie Gott
Nirgends mehr auf

»Sprechen Sie noch?«
Nein, nein, hänge nicht ein!
Noch drei Minuten singende Nelken
Aller Gärten der Welt!

Ich weiß du bist nicht allein
Schenk mir noch etwas Zeit
Hundertachtzig Sekunden Ewigkeit
Bevor ich aufhöre zu sein

Mörderin

Du siehst mich nicht mehr
Deine Blicke sind auf Gastspielreisen
Deine Gedanken in der Sommerfrische
Selbst im Winter!

Ich hab dich in jedem Traum getötet:
Mit einer Schleuder aus Wünschen
Mit einem Pfeil in Kurare getaucht.
Eine Kugel aus Gold jagte ich

Durch deine Dichterstirn
Schmückte sie mit blutigen Rosen
Drückte giftige Dornen der Rache
In deine Astrachanlocken

Auf daß die andere Hand
Sich daran steche,
Sich den Brand hole -
Ich hab dich getötet in jedem Traum

Daß Vögel sind

Daß Vögel sind:
Füßchen im Schnee
Federn um Gesang
Kleiner Ballon mit Angst
Und Sehnsucht gefüllt
Von Kontinent zu Kontinent
Vom Gesetz getrieben

Daß Vögel sind:
So klein vor dem Raum
Gottes Initialen
An die Wolkentafel schreibend -
Wie möchte man knien
Weil Vögel sind
Und weinen wenn sie singen
Am Abend um fünf
Und der Geliebte ist fern

Dein Paßbild

Wie traurig du bist auf dem Paßbild!
Schon übermüdet von der kommenden Reise.
Der Schatten deines Mundes
Verdunkelt mein Dasein

Riet dir die Seherin nicht:
»Bitte freundlich in die Zukunft sehn!«
Sollst du nun in Ewigkeit allein
Auf dem Foto traurig sein?

Und liegen doch hinter deiner Stirn
All unsre Frühlinge begraben!

Sieh mich nicht länger so an!
Schon füllen sich deine Augen
Mit meinen Tränen

Gebet

Gott wenn du wirklich bist
Laß ihn zahllose Arme
Strahlender Göttinnen finden
Die jeder Mann erträumt

Schenk ihm tausend Umarmungen
Und immer neue Kosenamen
Viel heiße Schreie der Ekstase
Und abertausend Küsse

Die ein einziger Mund
Ihm nimmer geben kann
Gib ihm die Zauberspiegel
Aus Gold und aus Smaragd

Seltenster Frauenaugen
Daß er in ihnen finde
Die Variationen seines Ichs
Tausendundeine Form der Liebe

Gott wenn du wirklich bist
Gib mir die Kraft
Gegen sein ehebrecherisches Lächeln
Das süße der Verzeihung auszutauschen

Zeitlupe

Seit du mich verlassen hast
Wird nicht mehr Tag.
Die Nächte gleiten mit der Zeitlupe
Durch alle Monate verfolgt mich Winter.
Auf dem Grund meiner vereisten Augen
Sterben die Seepferde, meine Pegasusse
Und Motten der Zerstörung
Fressen die Wolle meines Haars.
Niemals mehr wird es Frühling
Maiglöckchen und Gelbstern
Weigern sich mir zu wachsen.
Mai, süßer Revolutionär,
Warum fliehst du mich?

Der Hinterhalt der Sterne

Ach noch einmal schmecken wie die Himbeeren,
Rot!
Die blaue Erregung der Kornblumen teilen,
In der Kehle den Schrei wiederfinden,
Den heiseren der Lust zu dir!

Im Mittag seine Brüste reifend spüren
Wie zwei junge Äpfel!
Noch einmal, noch einmal
Mit dir, Untreuer,
In den Hinterhalt der Sterne fallen!

Der Untreue

Ich war des Abends diamantene Göttin
Mein Aug brannte von tausend Kilowatt
Mein Mund war eine rote Flamme
Mein Name, seltsam fremder Name
War in die Haut des Himmels tätowiert
Und alle Liebenden der Stadt
Benannten ihren Traum nach mir

Indessen ich heute
Mit weher Schulter
Stehe am regenverweinten Fenster.
Die Wolle des Ärmels schmeckt bitter
In die ich meine Schreie beiße
Ich bin die einsamste der Frauen
Mein Geliebter vergaß wie ich heiße

New York

Vergebens suchte ich
Dein Ohr schalldicht zu machen
Gegen den teuflischen Lärm
Dieser Stadt ohne Engel

Du kehrtest wieder heim
Verwundet von Vögeln ohne Lied
Von Gärten ohne Blumen
Von Augen ohne Blick
Vom Schmutz des Geldes
Das deine keusche Hand besudelte

Mein Heiliger
Reiner in deinen Sünden
Als alle Frömmler
In hundert Kirchen ohne Glauben

Leukämie

Meine Tränen fielen auf deine Rosen
Ihr roter Hohn ihr Purpurschrei
Ließen deine Stimme noch blasser tönen

Wie ich mich meiner rosa Wangen schäme
Sooft ich deine mondenweißen seh!
Dürft ich nur deine blutlosen Lippen
Mit dem Scharlach der meinen färben!

Könnt ich die Flüssigkeit meiner Adern
Einströmen lassen in die deinen,
An deiner Stelle sterben, mein Geliebter!

Ruh aus!

Ruh aus! Ruh aus! Mein zarter Krieger
Ruh! Mein Herrscher unter der Weide meines Haars
Ich schütze dich vor der feindlichen Krankheit
Und vor den Gewittern deines Herzens

Nimm meinen Arm zu tragen deine Lasten
Ich borg dir meinen Fuß für alle Irrfahrten
O mein nie landenwollender Odysseus
Der jedes Ufer zweifelnd floh

Hör endlich auf ruhlos zu wandern
Durch die eigene Qual
Abhalten wird mein Leib von dir den Wind
Des Schicksals. Er soll die Schranke sein
Die niemand überschreitet. Auch kein Tod!

Angina

Über den Brunnen deiner Kehle gebeugt
Sah ich deine Mandeln rosiger
Als die Blüten des Mandelbaums
Sah das Instrument das hervorbringt
Das seltene Hochzeitsgedicht

Hier haben deine Küsse ihren Ursprung
Reichen verzweigt hinunter in dein Herz
Hier wird die Stimme geboren
Die ich der Harfe des Engels vorziehe
Hier entspringt der Quell deines Lachens

Der mich mehr berauscht als die Orgel
Der kirchlichen Feste
In diesem rosa wattierten Schrein
Liegen verstreut die kostbaren Namen
Mit denen zur Nacht du mich schmückst

Und von Schwindel ergriffen
Über dem Zauber-Brunnen
Sah ich ihn plötzlich vertrocknet
Deine Seufzer versteint
Durch die Zeit. Anstelle
Der purpurnen Lieder
Den allesvernichtenden Staub

Aufschub

Noch ein Tag! schreien die Hähne
Mit ihren Posaunen aus Bronze
Die zerlumpte Nacht verjagend

Noch ein Tag! sagen die Blumen
Und glätten für des Mittags Besuch
Ihre roten Dolden

Noch ein Tag! verrät deine Aorta
Meinem horchenden Ohr
Das Orakel auf dem Grund deiner Brust

Noch ein Tag! Aber der Abend naht
Wer wetzt die Sense
Und läßt die Rosen bluten auf dem Tisch?

Unter der Lawine des Mondes
Durch dein von Strahlen umkröntes Haupt
Seh ich schon deinen Totenschädel

Abschied

Ich las in deiner Pupille
Geweitet von Belladonna
Deinen langen Abschied
Meinen lebenslänglichen Feuertod

Ich las in deiner Hand
Mein Frauenschicksal
Lebendig begraben zu werden
Im Mausoleum des Vergessens

Ich erriet an deinem Gang
Deine Flucht ins Unbekannte
Flucht lange vorausbedacht
In den Nächten des Sterbens

Ich erlauschte im Labyrinth
Deines geschnitzten Ohres
Die Kosenamen die du deiner Geliebten
Der Todesgöttin gabst

Als ich in deiner Pupille
Mein einsames Ende erspähte
Schlossest du schnell die Augen
Betrogst mich ein letztes Mal

Vorahnung

Die Nacht unsrer Liebe ist kurz
Wie die Nacht des Glühwurms
Kürzer als die Johannisnacht

Dein verklärtes Herz
Hat gebrannt auf den Bergen
Lange noch wird es brennen
Im Gedächtnis der Täler

Ach! schon der Schrei der Wildtaube
Dämmerung die die Theater zerstört
Um Mittag wird dein goldnes Gerippe
Von Ameisen besucht werden

Augenlider aus Stein

Ach: schon tönt die Harfe Davids
Vor deinem Sauerstoffzelt

In unzählige Meteore
Zerbricht deine Sternenkrone

Alle Wüsten umgeben dich
Um aus dir ihren Sänger zu machen

Ein Nebelkamel kniet nieder
Bereit dich ins Nichts zu tragen

Schon wird der Vollmond deiner Pupille
Zur schwachen Sichel

Blind ohne deine Augen
Werden die Rosen mich nicht wieder erkennen

Wer wird mich vor mir schützen
Vor den Tag- und Nachtgesetzen?

Wenn der Töter auf meinen Balkon steigt
Und die Schlange in der Minze lauert?

Ach! Laß mir diesen letzten Apostelblick!
Nein! Nicht zwischen uns diese Lider aus Stein!

Das Negativ

Vor mir liegt das Negativ
Deines letzten Lächelns:
Einer chemischen Lösung
Verdankt ein Augenblick Dauer.

Vor mir liegt ein Schattenbild:
Deine Stirn ist schwarz
Schwarz-weiß dein Blut
Weiße Asche die Kohle der Augen.

Dein Lächeln auf Gelatinepapier
Dein letztes Lächeln!
Ein Lächeln ohne Dimension
Eine optische Täuschung.

Drückt man die Wedel des Engelfußfarns
Auf weiches Büttenpapier
So lassen die braunen Samen
Ähnlich zarten Umriß zurück.

Negativ: Schwarze Samen des Todes!

Wiegenlied

Du wächst in mir
Wenn mich eine Blume ansieht

Wenn der Regenengel
Sich wandelt in Melodie

Wenn das Chlor der Einsamkeit
Meine Haare bleicht

Wenn meine Tränen
Zum Wiegenlied werden

Schlaf deinen Marmorschlaf, mein Kind,
Ich halte dich immer in meinem Arm

Staub

Schon Grünspan an deiner Schläfe
Schläfer der Dämmerung
Und die Erinnerung an deine letzte Rose
Nichts mehr als Staub

Schon deine Statue zerbrochen
Verstümmelt der schwarze Engel
Gefährte unserer Spiele
Und unsrer fiebrigen Melancholien

Schon die Krümel deiner Träume
Zwischen den Käfern verteilt
Deine Hände mit Nacht gefleckt
Und ansteckender Ewigkeit

Die letzte Silbe meines Namens
Aufgelöst in Chemie
Dung für eine Mondpflanze
Zwischen deinen galvanisierten Lippen

Nie wieder

Nie wieder wird eine Rose Rose sein
Mürbe Blumenblätter flattern statt ihrer:
Welke Augenlider von Toten

Mit dir ist die Sonne begraben
Der Mond – ertrunken im Teich der Tränen –
geht nicht mehr auf solange ich lebe

Nie wieder wird eine Amsel Amsel sein
Die sanften Schritte der Abgeschiedenen
Dämpfen für immer ihr Lied

Das irre Lächeln der Sterne
Seit Millionen Jahren auf der Wanderung
Steigert zur Nacht meine Qual

Nie wieder werd ich die Freundin des Windes sein
Ich verwünsche ihn
Ob seines Moderduftes

Gespenst

Du tauchst auf aus der Nacht
Und das Elfenbein deiner Schläfe blendet mich

Laß mir Zeit mich zu verschleiern
Mit dem Gärungsstoff meiner Trauer

Mit den drei phosporeszierenden Löchern
Deines Gesichts wachst du über meine Schlaflosigkeit

Zur Stunde des Schlamms und Morasts
Treibst du durch mich hindurch

Oft in der Hölle des Schlafs
Kommst du zurück mir ohne Gesicht

Ach, ich beschwöre dich mein Toter
Hör auf, hör auf in mir zu sterben!

Obit

Weh, auf der Leinwand meiner kranken Stirn
Läuft Tag und Nacht das Filmband deines Todes:
Schon härtet sich deiner Hände Gebet
Mit grauem Sand füllt sich dein Mund

Vor deinem Bett, in Spinnweb gehüllt,
Stehn die drei Schwestern des Erebus
Scheuchen die Eulen mit den Flügeln aus Krepp
Während Wahnsinn dein Auge weitet

Ein Schrei bleibt am Abendhimmel
Schon verchromt deine letzte Zärtlichkeit
Die schwarzen Veilchen deiner Haare welken
Du streckst dich aus in die Unendlichkeit

Lemuren

Vor den tausend Scherben der Spiegel
Vor dem Sturm ohne Ausweg
Vor dem Zorn der Ruinen
Vor der Tobsucht des Raumes
Vor den unteilbaren Träumen

Vor dem Abgrund gefüllt mit Verwesung
Vor dem Hinterhalt der Sterne
Vor dem Biß der Lemuren
Vor den Blicken aus Schlacken
Vor dem marmornen Händedruck

Vor den Rosen mit deinem Blut gefärbt
Vor den Geiern des Gestern und Morgen
Wo denn verberg ich mein Irrsein
Wenn nicht in deiner knöchernen Umarmung
In der Höhle deines lächelnden Schädels

Haus aus Nebel

Nachtwächterin des schwarzen Hades
Steh ich Posten vor unserm Haus
Vor seinen Mauern beworfen mit Mondkalk
Das Haus von gestern, noch warm von uns.
Schläfst du – unsren Sternpakt verleugnend –
Verräter, der mir selbst im Traum nicht erscheint?

Die Säure eines Gestirnes tropft
Beizende Erinnerung durchs offene Fenster
Und verätzt mir die Kehle
Ein Hund bellt, deiner vielleicht,
Im Jenseits, das die Verzweiflung erfand.
Ach, wie er von ferne mein Herz beißt!

Ein Pärchen wirft den Schatten
Eines gigantischen Glücks auf mich ...
Wohin vor der Verzückten Küsse fliehn?
Wo vergraben, in welchem räudigen Winkel,
Mein brandiges Herz
Von der Lepra der Liebe zerfressen!

Eurydike

Phantom einer Witwe!
Umsonst durchirr ich die Jahreszeiten
Um wiederzufinden Orpheus' Atem
Sein verlorenes Lied, seine zerbrochene Leier
Die von ihm verführten Rehe
Die Fische wieder süß gewordener Meere
Gezähmte Medusen kostbarer Arkane
Die uralten Bäume, die ihn vor mir kannten:
Alles was er in Vers verwandelte

Gespenst einer halbbeerdigten Frau
Schlaf ich zur Nacht auf dem Salpeterkissen
Am Rand des Sees aus schwarzer Tusche
Streng bewacht von den Fledermäusen –
Selten sind die Fetzen der Töne
Die Orpheus' zerschlitzte Harfe
Sickern läßt durch den finsteren Sumpf
Wo das Zischeln der Käuze
Meinen Wahnsinnsschrei begleitet:

»Orpheus! Orpheus! Orpheus!
Eurydike in der Unterwelt ruft dich!«

Beschwörung

Du schautest Gott, wo ich nur eine Wolke sah
Ich sah den Baum doch du die Wurzel
Durch die undurchdringliche Erde hindurch
Und während Mittag in unsren Augen brannte
Warf dein Arm den Schatten des Ahorns auf mich

O »Bauer des Himmels«, der für mich
Orchideen in den Wolken züchtete
Dem Rosen aus duftenden Versen blühten
Der rissige Teiche neu zusammenfügte
Tyrus und Ephesus für mich wiederschuf

Komm zurück mir im Vogel aus Schaum
Im Schatten des männlichen Ahorns
In seiner verzauberten Wurzel
In den Brunnenspiegeln unsrer Träume –
Einen Abschieds-Fingerabdruck
Hinterlaß auf meinem einsamen Tisch:
Ein großer Geist kann kleine Wunder tun!

Klagelied

O hätt ich an Stelle des Trauermantels
Der Schattenkönigin und des Kupferfalters
Deine fliegenden Lächeln gesammelt!
Hätt ich die Topase deiner Blicke
Versichert gegen die diebische Zeit!

Hätt ich deine vielblättrigen Worte
In Büchern gepreßt anstatt grünem Klee!
Doch wie Wellen zerrinnen ließ ich deine Zärtlichkeit
Ohne je zu ergründen ihr blaues Geheimnis
Deine Schritte vergeudete ich auf öden Straßen
Und die Schallplatten ihrer Eile sind zerkratzt
Von meinen törichten Worten

Skapulier

Sooft ich deine Locke halte
Blüht sie wie eine Blume in meiner Hand

Wenn der Wind deine Verse aufsagt
Spüre ich deinen Atem

Ich schnitze in die Bäume der Zukunft
Dein strahlendes Herz

Unzählige Wege die uns zusammen sahen
Geh ich wieder und wieder zurück

Ein Skapulier schützt mich
Es enthält einen kostbaren Tropfen

Jener roten Blutkörperchen
Die dich zum großen Liebenden machten

Ich bin in deinem Herzen geboren

Ich bin in deinem Herzen geboren
An einem Sonntag mit zwanzig Jahren
Du lehrtest mich den Seiltanz
Auf Wolken, den Flug ohne Motor
Du befahlst mir die Tür zu öffnen
Dem Strolch mit dem Kot an den Schuhen
Und dem Mörder die Hand zu reichen

Du lehrtest mich die Ekstase
Vor dem Kiesel geladen mit Dauer
Vor dem Unkraut des Schuttplatzes
Du übtest mit mir das feuerfeste Lied
Das jedem Brand widersteht –
Ja, du brachtest mich zur Welt
Hilf mir auch auszuwandern in den Himmel

Vor deinem Seestern

O Seestern unsrer Jugend
Am Ufer des Paradieses lagst du
Gefallen vom Himmel des Glücks

Wo ist er jetzt der Geliebte
Der dich auflas, Schmuckstück,
Und hängte an die Wand der Zeit?

Lebend Symbol welcher Tiefe
Zauberformel welches Magiers?
Gestrandet an unsrer seligsten Küste

Allein steh ich am Ufer der Qual
Wieder stirbt ein Seestern mir zu Füßen
Und ich hab keine Zukunft mehr ihn zu trocknen

Der zierliche Revolver

Küsse mich, küsse mich
Mit dem schwarzen Kuß deines Mundes
Zierlicher Beschützer aus Stahl! – –
Aber da noch keiner wieder zurückkam
Mit durchlöchertem Herzen
Zögert man das Schicksal zu entsichern.

Als ich im Krieg mit mir selbst lag
Kauft ich heimlich die kleine Waffe – –
Aber schieß ich auf mich
So zerstör ich auch die Liebe
Die jede meiner Zellen für dich füllt

Du lehrtest mich in unsrer Jugend
Mit echten goldenen Kugeln
Ins Herz der magischen Kreise zu zielen
Aber was hinter dem Schuß liegt
Konntest auch du mir nicht sagen

Ach küsse mich Spielzeug in meiner Hand
Mit dem schwarzen Kuß deines Mundes!
Wär ich nur sicher, daß nach der Beerdigung
Am Ausgang des Friedhofs
Der Geliebte auf mich wartet
Und eine neue Zweisamkeit beginnt.

Schlaflosigkeit

Am Abend, wenn süß die Amseln singen
Denk ich an deine »Ode an die Amsel«

Wenn ich in den Spiegel sehe
Finde ich deine unheilbare Trauer

Immer fallen vom Turm drei Schläge
Die Stunde deiner endgültigen Abfahrt

Umsonst trank ich das bittere Haschisch
Kein Rauschgift keine Schlafkur heilt Liebeswahnsinn

Um fünf verläßt das Gespenst seinen Posten
Im Innern der ruhlosen Mauer

Es zückt deine stählerne Waffe: die blaue Feder
Und stößt sie mir langsam ins Herz

Ach, die gefangene Drossel, Rue de Lille,
Klagt schon das Morgenrot an

Von neuem beginnt der tägliche Tod

»Fingerübungen«

»Fingerübungen« schriebst du für mich
»Rot do Blau re Grün mi«
Wie soll ich sie je spielen?
»Der Rosenwälder hohes Rot«
Zerfiel zu grauem Staube
Unser Klavier hat nur noch weiße Tasten
Die Zeit schlug ihm die schwarzen Tasten aus
Wie alte längst verfaulte Zähne
Motten wohnen im Filz der Hämmerchen
Und selbst den Klang der Saiten
Fraß der Rost.
Manchmal erinnern sie sich deiner Hände
Ein Takt von Chopin:
A b des f
Weint aus dem schwarzen Sarg
Er ist aus Asche dieser Takt
Nur Geisterohren vernehmbar

Deine Hände

Einst werden die Zugvögel
In deinen Händen ihre Nester bauen
Maulwürfe und Eidechsen
In ihnen Unterschlupf finden,
Geliebter allen Getiers

Deine Zauberhände:
Von allen Reisen brachten sie
Kostbare Kriegsbeute heim:
Die zahllosen Arme indischer Göttinnen
Augen aus Saphir und Smaragden:

Spiegel für dein vielfältig Ich
Küsse die ein einziger Mund nicht geben kann.
Voll von Trophäen, deine Hände,
Meine Muscheln, in denen ich
Das Weltmeer rauschen hörte

Was tut's, daß sie nur noch Elfenbeinknöchelchen
Sind, deine lieben Hände,
Ihre Gebete modern nicht und
Die Gedichte, die sie schrieben, leben,
Immer werden die Liebenden sich in ihnen
Bestätigt finden

Die Schallplatte

Mit jeder Wolke form ich dein Profil
Jedem Kind schenk ich den Honig deiner Augen
Jedem Lebewesen ein Echo
Deiner unerschöpflichen Kosenamen
Produkt von zehntausend Liebesnächten
Heute mit ebensoviel Tränen bezahlt

Den Krümeln des täglichen Brotes
Dem Wachs der Bienen
Der atmenden Töpfererde
Vermische ich Träne und Nebel
Und meißle langsam dein Lächeln.
In den Kies des Stadtparks
Auf die Leinwand der Wüste

In die Falten der Felder
Auf die Teiche der Erinnerung
In den Sand vergangener Jahrhunderte
Hinter dem gläsernen Ladenfenster des Meers
Ziehe ich deine Verse
Eine Legende in Sanskritzeichen
Die allen Stürmen standhält

Aus dem kostbaren Mosaik des Gestern
Bau ich mir einen zeitlosen Tempel
Nur das Orakel fehlt ihm: deine Stimme.
Die Schallplatte in der sie lebt
Vergrub ich im Keller der Zeit
Denn träfen die Töne mein Ohr
Verfiele ich sicher dem Wahnsinn

Die Antirose

Rose, so stolz auf deine Hypnose,
Unschlafmittel der Liebenden,
Dein Duft zwingt die Nachtigall
Die Zukunft zu singen und die Verlassenen
Bei jeder Bewegung mit dir
Zurückzuschaun in die Vergangenheit.

Raubtier mit den scharfen Krallen,
Der Dichter schiebt den Selbstmord auf
Wenn dein Geruch ihn zur Nacht überfällt.
Hinter den Falten deiner strengen Maske
Entdeckt er das große Geheimnis:
Den Ursinn seines Lebens.

Dein rotes Blut wird zur Ampel
An den Straßenecken des Zweifels,
Wo du den nächtlichen Verkehr
Zu eiliger Liebender aufhältst.
Rätsel du, aus Verzicht,
Aus Stolz und kühler Wollust.

O Rose mit dem vielfachen Antlitz,
Überwinderin des Todes,
Die allein unter allem Lebendigen
Dem Zerfall der Zellen trotzt!
Unsterbliche, mit tönendem Atem
Überdauerst du die Vergänglichkeit.

Rose, wie oft in deiner Welle aus Duft
Rührte zur Nacht ein Gott mich an!
Wie jetzt in der letzten Rose des Geliebten,
Der Antirose,
Die die tausend Lieder deiner Schwestern,
Die tausend Tiefen ihrer Wurzeln birgt.

Trost

Dein Haupt für ein Fest geschmückt
Deine Schläfe in der der Gong der Zeit tönt
Dein Prophetenkopf, gekrönt

Weine, mein Heiliger!
Klage, mein Rosenstrauß!

Wo sind die Levkojen deines Blicks?
Die Vögel in deiner Kehle jauchzend?
Sommer! Winter! König meines Geschicks!

Verbrenne, mein Brot!
Stürz ein, mein totes Haus!

Ein Frühling- oder Regentag
Wird ohne Mitternacht und Tränen sein:
Dein Herz mein Herz schwarz in der Erde: daheim!

Mein letzter Baum

Witwe der Sonne
Und Witwe des Windes
Witwe des Abends
Und des herben Morgens
Witwe des Firmaments
Und des verlornen Gartens:
Was andres bin ich denn
Als ein verstümmelter Schatten!

Ich hasse des Windes Fron
Und das Wittum der Dämmerung
Ich hasse das Wecklied
Der frühen Vögel
Und von Frankreichs Wäldern
Beschwör ich herauf einen einzigen Baum:
Den der sich wandelt in meinen Sarg

Dein »Hohes Lied«

Ich wohne in deinen Reimen
Sie sind meine Festung
Mein Herz ist feuerfest
Beschützt von deinen Reimen
Einem Panzer aus Asbest

Aus jeder liebesroten Rose
Steigt der Duft deines Lieds
Im Lärm der Stadt
Bist du die Stille
Die tausend Ohren hat

Dein heraklitisches Feuer
Brennt in der Kirchen Licht
Speist jeder Bogenlampe Kilowatt
Du bist die Wärme
Dieser kalten Stadt

Du warst der Barde der Seine
Aller Wasser Vielgestalt
Jeder tragische Fluß
Alle Pariser Brunnen
Spiegeln deinen Sängerkuß

Ich wohne in deinen Reimen
Sie sind meine Festung
Kein Verrat deiner Jünger
Vermag sie je zu schleifen –
Dein Reim ist des Geistes Dünger

Unser Grabrelief

Jede Mitternacht halt ich ans Herz
Deine rabenblaue Locke
Noch immer mit Starkstrom geladen
Trifft mich ihr elektrischer Schlag

Den Drosselpfiff mit dem du mich riefst
Übte ich mit Vogeljungen ein
Und als sie flügge waren
Riefst du mich durch sie aus allen Gärten

Im Film den ich von dir drehte
Huscht Orpheus' Schatten über die Leinwand:
Von den Krümeln dieses Schattens
Von etwas Zelluloid nähre ich mich

Man glaubt mich lebend weil ich mich bewege
Und bin doch längst zu Bronze erstarrt
Mit dir vereint im Relief von Chagall
Über unsrem Doppelbett aus Stein

Nachwort

Eine größere Zahl dieser Gedichte erschien französisch: *Poèmes d'Amour* 1925, *Poèmes de la Jalousie* 1926, *Poèmes de la Vie et de la Mort* 1927.

Unsre deutsche Fassung der bis 1932 entstandenen Gedichte lag in Fahnen vor, als die Machtergreifung Hitlers ihr Erscheinen verhinderte. Die späteren Gedichte, in englischer oder französicher Sprache geschrieben: *Love Poems* 1947 und *Duo d'Amour* 1950, übertrugen wir nach dem Krieg ins Deutsche. Wir hatten jedoch die Absicht, eine Anzahl der in Krisenzeiten entstandenen Gedichte in keiner Sprache zu veröffentlichen. Da aber vor einigen Jahren, anläßlich einer literarischen Debatte in Deutschland, mir einige Schriftensteller drohten, »Dinge zu enthüllen, die dem Andenken Ivan Golls abträglich wären«, und diese Drohung auch ausführten und das Privatleben des Dichters in taktloser Weise in die Polemik einbezogen, entschloß ich mich, sowohl unsere Briefe wie die betreffenden Gedichte zu veröffentlichen.

Die Deutsche Akademie Darmstadt hat für ihr Jahrbuch 1967 einen jene Debatte berichtigenden Aufsatz bestellt, der Ivan Goll – wenn auch verspätet – Gerechtigkeit widerfahren läßt und somit den ersten, vor etlichen Jahren in ihrem Jahrbuch erschienenen Artikel, der ohne Kenntnis der Daten und Unterlagen geschrieben worden war, desavouiert.

Ich zitiere nur ein Beispiel aus dem zweiten Bericht. Ivan Goll veröffentlichte am 1. Februar 1942 in *La Voix De France*, der Zeitung der Gaullisten in New York, die in zahllosen Exemplaren über Frankreich abgeworfen wurde, ein Gedicht: *Les Invaincus*, von dem ich hier die ersten zwei Zeilen wiedergebe:

Nous buvons le lait noir
De la vache misère ...

Die deutsche Übertragung der *Unbesiegbaren* beginnt so:

Schwarze Milch des Elends
Wir trinken dich ...

Die Tatsache, daß sich Ivan Goll in den Spiegeln vieler Frauenaugen suchte, kann seinem »Andenken« nur in unreinen Phantasien »abträglich« sein. Das Chaos in einem großen Dichter rechtfertigt jede Flucht, sprengt die bürgerlichen Normen von Treue und Untreue.
Vor hundertundfünfzig Jahren schrieb Goethe, in Leidenschaft zu Marianne von Willemer, seiner »Suleika«, entbrannt:

»Daß ich eins und doppelt bin«.

Heute würde er vielleicht schreiben: »Daß ich eins und zahllos bin«.
Ich hoffe nur, daß sich Ivan Goll nach viel mehr weiblichen Schatten umsah, als denen, die über meinen Weg fielen, und sich somit die Verse aus seinem Gedicht *Orpheus* bewahrheiten:

Seit ich, Eurydike, dich verlor
Weil ich mich einmal umsah
Muß ich mich umsehn
Nach allen Frauen der Erde.

C.G.

Claire Goll

Klage um Ivan*

* Unter diesem Titel veröffentlichte Claire Goll zehn Jahre nach dem Tode ihres Mannes (1891–1950) ein schmales, 24 Seiten umfassendes Lyrik-Bändchen, das bis auf eines ausschließlich Gedichte enthält, die in die später erschienene »Antirose« Eingang fanden. Dieses eine Gedicht aus »Klage um Ivan« bildet den Abschluß dieser Anthologie.

Immer träum ich ...

Immer träum ich davon dir nachzusterben:
Aber eine künftige Rose
Bedarf vielleicht meiner Tränen
Um zu wachsen

Immer träum ich davon dir nachzusterben:
Aber ein leidenschaftlicher Reim
Bedarf vielleicht meiner Feder
Um dich zu singen

Immer träum ich davon dir nachzusterben:
Aber ein Takt von Bartok
Bedarf vielleicht meines Ohrs
um neu zu tönen

Immer träum ich davon dir nachzusterben:
Aber ein kleines Unkraut
Bedarf vielleicht meines Blicks
Um sich zu wärmen

Immer träum ich davon dir nachzusterben:
Aber ein Mensch, vom Tod gesucht
Bedarf vielleicht meiner Hand
Um nicht zu sterben